<그리스도인이면 꼭 알아야 할 성경 지식>

베드로후서

거짓 선지자들과
거짓 교사들에게 속지 말라

서울솔로몬학교 성경연수원

차 례

이 책에 인용된 성경 구절은 〈한글킹제임스성경〉입니다.

제1과
구원받은 이후의 생활에 관한 권면(1:1-14)

『이로써 우리에게 지극히 크고 귀한 약속들을 주심은 너희로 하여금 이 약속들을 통해서 정욕으로 인해 세상에 있게 된 타락을 피하여 하나님의 본성에 동참하는 자가 되게 하려 하심이라』(벧후 1:4).

하나님의 본성에 동참한 그리스도인

『예수 그리스도의 종이요, 사도인 시몬 베드로는 하나님 곧 우리 구주 예수 그리스도의 의로 말미암아 우리와 함께 동일하게 보배로운 믿음을 받은 사람들에게 *편지하노라*. 하나님, 곧 예수 우리 주를 아는 지식을 통해 너희에게 은혜와 평강이 더욱 많아지기를 바라노니, 즉 그의 신성의 능력이 생명과 경건에 속한 모든 것을 우리에게 주심에 따라 우리를 영광과 덕에 이르도록 부르신 분에 관한 지식을 통해 *그리 되기를 바라노라*. 이로써 우리에게 지극히 크고 귀한 약속들을 주심은 너희로 하여금 이 약속들을 통해서 정욕으로 인해 세상에 있게 된 타락을 피하여 하나님의 본성에 동참하는 자가 되게 하려 하심이라』(1-4절).

베드로전서를 쓸 때 자신을 『예수 그리스도의 사도 베드로』라고 했던 베드로가 베드로후서에서는 『예수 그리스도의 종이요, 사도인 시몬 베드로』라며 자신을 낮춘 모습을 보인다. 그리스도인은 시간이 흐를수록 더욱 원숙한 신앙인이 되어야 한다. 이것은 하루하루 진리로 무장해 가는 그리스도인에게서 두드러지게 나타나는 변화이다. 원래 "시몬"은 "변모하는 모래"(shifting sand)라는 뜻으로, 베드로가 그런 사람이 되었다. 베드로전서를 쓴 뒤 짧게는 5,6년쯤, 길게는 8,9년이라는 세월이 흘렀을 텐데, 바야흐로 죽음을 눈앞에 두고 있는 시점에서 자신을 『**종**』으로서 표현하고 있다. 말하자면 『**사도**』는 『**사도**』이되, 『**사도**』이기에 앞서 『**종**』에 지나지 않는다는 것이다. 이 점은 모든 하나님의 자녀들이 갖춰야 할 믿음의 자세이며, 속사람의 성장에 따라 이뤄지는 점진적인 과정이다. 『**이런 까닭에 우리가 낙심하지 아니하노라. 오히려 우리의 겉 사람이 썩어질지라도 우리의 속 사람은 날마다 새로워지나니**』(고후 4:16). 베드로후서를

쓰고 있을 즈음의 베드로는 온전히 성숙한 겸손한 그리스도인이 되어 있었다. 이 점은 그가 강조하며 가르쳤던 말씀에서도 읽을 수가 있다. 『**이와 같이 너희 젊은이들아, 장로에게 복종하라. 너희 모두가 서로 복종하고 겸손함으로 옷입으라. 이는 하나님께서 교만한 자들을 대적하시고 겸손한 자들에게 은혜를 주심이니라. 그러므로 하나님의 능하신 손 아래서 겸손하라. 때가 되면 그분께서 너희를 높이시리라**』(벧전 5:5,6).

2절에 따르면 하나님, 곧 예수 우리 주를 아는 지식을 통해 은혜와 평강이 더욱 많아지게 된다. 그 지식은 『**그의 신성의 능력이 생명과 경건에 속한 모든 것을 우리에게 주심에 따라 우리를 영광과 덕에 이르도록 부르신 분에 관한 지식**』(3절)을 뜻한다. 예수 그리스도를 알아갈수록, 그분께서 우리에게 생명과 경건에 속한 모든 것을 주시어 영광과 덕에 이르도록 하셨다는 점을 알아갈수록 우리에게 은혜와 평강은 더욱 많아지게 된다. 여기서 『**영광**』은 미래의 것이며 『**덕**』은 현재의 것이다. 말하자면 주님께서 생명과 경건에 속한 모든 것을 주셨다는 것을 알게 된 『**지식**』으로 말미암아 지금은 『**덕**』을 쌓아가고 있는 중이고, 이것이 발전하여 미래에는 하나님께서 주시는 『**영광**』에까지 이르게 되는 것이다. 이것은 그리스도인의 영적 성장의 과정으로서, 온전한 믿음의 온전한 그리스도인으로 자라가는 과정이다. 하나님께서 우리를 먼저 『**덕**』에 이르도록 부르셨고, 결국 『**영광**』에 이르도록 부르신 것이다. 이러한 미래지향적인 부르심을 알았다면 현재에 만족하지 말고 "지식"을 쌓아감으로써 영광에 이르도록 계속 앞으로 나아가야 한다.

『**이로써 우리에게 지극히 크고 귀한 약속들을 주심은 너희로 하여금 이 약속들을 통해서 정욕으로 인해 세상에 있게 된 타락을 피하여 하나님의 본성에 동참하는 자가 되게 하려 하심이라**』(4절). "이로써"가 가리키는 것은 『**신성의 능력**』(divine power, 3절)이다. 이 신성의 능력으로 우리에게 지극히 크고 귀한 약속들(요 1:12; 5:24; 6:47, 롬 10:9, 약 1:21)을 주심은 그 약속들을 믿었을 때 『**하나님의 본성**』(divine nature)에 동참할 수 있기 때문이다. **우리가 그 약속들을 믿고 구원받았을 때 성령님께서는 우리 안에 들어오셔서 "새 본성"(고후 5:17)을 창조하셨다. 그 순간 우리는 "하나님의 본성"을 소유하여 그 본성에 동참하게 된 것이다.**

하나님의 본성에 동참한 이후

『이뿐만 아니라 너희가 더욱 전심전력하여 너희의 믿음에 덕을, 덕에 지식을, 지식에 절제를, 절제에 인내를, 인내에 경건을 경건에 형제 우애를, 형제 우애에 사랑을 더하라. 이런 것들이 너희 안에 있어 풍성해지면 그것들이 너희로 우리 주 예수 그리스도에 대한 지식에 관한 한 게으르거나 열매 없는 자가 되지 않게 할 것이라. 그러나 이런 것들이 결여되어 있는 자는 눈멀고 멀리 볼 수 없으며 자신이 옛 죄들에서 깨끗하게 된 것을 잊은 것이라』(5-9절).

그리스도인의 인생은 구원을 받아 하나님의 본성에 동참한 것으로 끝난 것이 아니다. 『**정욕으로 인해 세상에 있게 된 타락을 피하여 하나님의 본성에 동참하는 자**』가 되었다고 해서 거듭난 그리스도인들의 할 일이 다 끝난 게 아니라는 얘기다. 그렇게 생각한 사람들이 그리스도인으로서의 생애에 일찍 종지부를 찍고 세상으로 돌아가 육신적으로 타락하고 마는 것이다. 베드로는 『**이뿐만 아니라**』고 말한다. 할 일이 더 있다는 것인즉, 구원은 시작에 불과하다는 얘기이다. 『**너희가 더욱 전심전력하여 너희의 믿음에 덕을, 덕에 지식을, 지식에 절제를, 절제에 인내를, 인내에 경건을 경건에 형제 우애를, 형제 우애에 사랑을 더하라**』(5-7절).

먼저 『**너희의 믿음에 덕을, 덕에 지식을**』 더해 나아가라고 말씀한다. 자신을 구원에 이르게 한 『**믿음**』에 무엇인가를 더해야 하는데, 그것은 『**덕**』이다. 『**덕**』(virtue)은 도덕적, 윤리적으로 수준 높은 기준을 말하며, 또 여기에 『**지식**』을 더해야 한다. 『**덕**』이 먼저이고 『**지식**』이 그 다음이다. 『**덕**』을 기반으로 해서 『**지식**』을 쌓아가야 정상적인 그리스도인으로 자랄 수 있다. **도덕적으로 저급한 상태에서 머리만 커지다 보면 교만하게 되기 십상이다. 성경은 『지식은 교만하게 하지만 사랑은 세워 주느니라.』(고전 8:1)라고 말씀한다**.

『**덕**』에 『**지식**』을 쌓았다면 그 지식을 제어할 줄 알아야 하는데, 그때 필요한 것이 『**절제**』이다. 6절은 『**지식에 절제를**』 더하라고 명령한다. 절제되지 않은 지식은 교만이요 방자함이 될 것이기 때문이다. 『**지식에 절제를**』 더했다면 이제는 『**절제에 인내**』가 요구된다. 인내 다음에는 경건이 요구되고(『**인내에 경건을**』), 『**경건에 형제 우애를, 형제 우애에 사랑을 더하라.**』라고 명령한다. 이 순서대로만 하면 된다.

특히 『경건』(godliness)은 "하나님과 같아진 영적 상태"를 뜻하는 단어로, 주 예수 그리스도와 일치해 있는 것을 말한다. 단순히 그리스도를 닮는 것이 아니라 그분과 "일치"해 가는 것이다. 닮는 것은 흉내가 될 수 있지만 일치는 주님과 모든 면에서 하나가 되는 것을 뜻한다. 그리스도의 몸 안으로 들어간 그리스도인들은 그리스도와 하나가 된 사람들이지 그리스도와 닮게 된 사람들이 아니다. 『**우리 많은 사람이 그리스도 안에서 한 몸이 되어 각 사람이 서로의 지체가 되었느니라**』(롬 12:5). 그렇기에 우리에게는 『**화평의 띠 안에서 성령의 하나 됨을 지키도록 열심히 노력하라.**』(엡 4:3), 『**이제 너희는 그리스도의 몸이요 개별적으로는 그 지체들이라.**』(고전 12:27)라는 말씀이 주어진 것이다. 참된 『**경건**』은 그리스도인 각인이 그리스도와 한 몸 안에서 일치되어 있는 것을 말한다. 주님께서는 모든 그리스도인이 경건에 이르도록 훈련할 것을 명령하신다. 『**경건에 이르도록 네 자신을 훈련하라. 몸의 훈련은 유익이 적지만 경**

건은 모든 일에 유익하여 현재와 미래에 생명의 약속을 소유하게 하느니라』(딤전 4:7,8). 이러한 훈련은 『**선한 교리의 말씀들로 양육을 받아**』(딤전 4:6)야 이루어지며, 이 경건의 훈련을 통해 『**예수 그리스도의 선한 일꾼**』이 될 수 있다(딤전 4:6). 『**경건**』에 이르게 되면 예수 그리스도와 일치하게 된 것이기에 주님의 능력이 우리에게서 나타나게 된다. 그렇지 않으면 경건의 모양만 갖춘 가짜 그리스도인이 되고 만다.

『경건』에 더해야 할 것은 『형제 우애』이고 『형제 우애』에는 『사랑』을 더해야 한다. 결국 『사랑』이 그리스도인의 궁극적인 『덕』으로 제시되고 있는 것이다. 사도 바울도 『**이 모든 것 위에 사랑을 더하라. 이것이 온전함의 띠니라.**』(골 3:14)라고 했다. 『**사랑**』에 이르러야만 그리스도인으로서 온전해졌다고 말할 수 있는 것인데, 그 사랑은 다음과 같다. 『**너는 네 마음을 다하고, 혼을 다하고, 생각을 다하여 주 너의 하나님을 사랑하라. 이것이 첫째며, 큰 계명이니라. 둘째는 이와 같으니, 네 이웃을 네 자신과 같이 사랑하라**』(마 22:37-39). 『**이런 것들이 너희 안에 있어 풍성해지면 그것들이 너희로 우리 주 예수 그리스도에 대한 지식에 관한 한 게으르거나 열매 없는 자가 되지 않게 할 것이라**』(8절). "믿음"에서 "사랑"에 이르기까지 언급된 "이런 것들," 즉 "믿음, 덕, 지식, 절제, 인내, 경건, 형제 우애, 사랑"이 "풍성해져야" 그리스도인으로서 풍성한 열매를 맺기 시작한다. 『**그러나 이런 것들이 결여되어 있는 자는 눈멀고 멀리 볼 수 없으며 자신이 옛 죄들에서 깨끗하게 된 것을 잊은 것이라**』(9절).

사도 베드로가 이 서신에서 제시한 여덟 가지 덕목에 진력하지 않는 그리스도인은 『자신이 옛 죄들에서 깨끗하게 된 것』을 잊어버리게 되고, 그러는 순간 필연적으로 과거의 더러운 세상으로 돌아가게 된다. 주님께서 자신을 구원하셨던 날을 뒤돌아보고, 이전에 짓던 죄를 벗어 버리고 성경에서 제시하는 선한 것들을 이루기 위해 힘을 쓸 때에 진정으로 열매 맺는 그리스도인이 될 수가 있는 것이다.

계속 전진하라!

『그러므로 형제들아, 오히려 더욱 힘써서 너희의 부르심과 택하심을 확고히 하라. 너희가 이러한 것들을 하면 결코 실족하지 않을 것이요 이같이 하면 우리 주 곧 구주 예수 그리스도의 영원한 왕국에 들어가는 입구가 너희에게 풍성하게 마련될 것이니라. 이러므로 너희가 이런 것들을 알고 현재의 진리에 굳게 서 있지만 나는 항상 너희로 이런 일들을 기억하게 하는 데 소홀히 하지 아니하겠노라. 그렇도다. 내가 이 장막에 있을 동안에, 너희를 각성시켜 기억하게 함이 옳은 줄로 여기나니 이는 우리 주 예수 그리스도께서 내게 보여 주신 것같이 나도 나의 장막을 벗어날 때가 임박했음을 앎이라』(10-14절).

『너희가 더욱 전심전력하여 너희 믿음에 덕을... 형제 우애에 사랑을 더하라.』라고 명령한 베드로는 "**이런 것들에 결여되어**"(9절) 있지 말고 **『오히려 더욱 힘써서 너희의 부르심과 택하심을 확고히 하라.』**(10절)라고 명령한다. <u>현상유지에 안주하지 말고 "계속 치고 나가라"는 것이다(벧후 3:18, 딤전 4:15).</u> **『너희가 이러한 것들을 하면 결코 실족하지 않을 것이요』**(10절). 여기서 **『실족』**(fall)이란 "넘어짐"을 의미한다. **『그러므로 서 있는 줄로 생각하는 사람은 넘어지지 아니하도록 주의하라』**(고전 10:12). 그리스도인들은 **『항상 기뻐하라. 쉬지 말고 기도하라. 모든 일에 감사하라.』**(살전 5:16-18)라는 명령을 받고 있는 사람들로서, 성경은 그것이 **『그리스도 예수 안에서 너희에 관한 하나님의 뜻이니라.』**(살전 5:18)라고 말씀한다. 그러나 조금만 어려운 일에 봉착해도 불평하면서 하나님의 뜻을 의심하고 시험한다면 광야의 이스라엘처럼 넘어지고 말 것이다. 하나님께서는 사람이 감당할 수 있는 시험 외에는 우리가 당하지 않게 하시며, 또 신실하셔서 우리가 감당할 수 있는 것 이상으로 시험을 당하지 않게 하실 것이기 때문에, 시험을 당할 때에는 피할 길을 마련하셔서 그 시험을 능히 감당할 수 있게 하신다(고전 10:13).

시험이 없는 성도의 인생은 없다. 오히려 성도가 믿음 위에 덕을 더하고, 덕 위에 지식을 더하며, 지식 위에 절제를 더하고, 절제에 또 인내를, 인내 위에 경건을, 경건에 형제 우애를, 그리고 형제 우애에 사랑을 더한다면, 온전한 그리스도인이 되어 실족할 일이 없게 되는 것이다.

『**이같이 하면 우리 주 곧 구주 예수 그리스도의 영원한 왕국에 들어가는 입구가 너희에게 풍성하게 마련될 것이니라**』(11절). 그리스도인이 구원받은 것에 만족하지 않고 『**이같이 하면**』, 즉 더욱 전심전력하여 믿음에 덕을, 덕에 지식을, 지식에 절제를, 절제에 인내를, 인내에 경건을, 경건에 형제 우애를, 형제 우애에 사랑을 더해 나가면, 구주이신 주 예수 그리스도의 『**영원한 왕국에 들어가는 입구가... 풍성하게 마련될 것**』이다.

사도 베드로는 『**이러므로 너희가 이런 것들을 알고 현재의 진리에 굳게 서 있지만 나는 항상 너희로 이런 일들을 기억하게 하는 데 소홀히 하지 아니하겠노라.**』(12절)라고 말한다. 그리스도인도 여느 사람들과 같아서 쉽게 망각하는 경향이 있다. 자신이 굳게 서 있는 현재의 진리를 망각하고 방황할 수 있는 것이다. 베드로는 자신이 지상에 머무는 동안 성도들에게 그것을 환기시키고 그것을 기억하게 하는 데 소홀히 하지 아니하겠노라고 다짐한다. 즉 "믿음"을 기억하게 하고, "덕"을 기억하게 하며, "지식"을 생각나게 하고, "절제"를 환기시키며, "인내"를 상기토록 하고 "경건"을 각성시키며, "형제 우애"를 기억할 수 있도록 하고, "사랑"을 기억할 수 있게 돕겠다는 것이다. 『**그렇도다. 내가 이 장막에 있을 동안에, 너희를 각성시켜 기억하게 함이 옳은 줄로 여기나니**』(13절). 즉 베드로는 자신이 장막(육신)에 있을 동안에, 즉 이 땅에 사는 동안에 그리스도인이 그리스도인답게 살다가 실족하지 않고 예수 그리스도의 영원한 왕국에 들어갈 수 있어야 한다는 것을 한시도 망각하지 않도록 각성시키는 일에 매진하겠다고 다짐하는 것이다. 이것은 비단 베드로만의 일이 아니라 성경을 가르치고 진리로 양육하는 모든 성경 교사들과 사역자들이 해야 할 일이며, 모든 그리스도인들이 서로를 위해 다 같이 떠맡고 있어야 할 일이다. **나의 지체가 된 그리스도인들이 예수 그리스도의 영원한 왕국에 들어가 영원한 유업을 상속받을 수 있도록 서로 서로 도와야 하는 것이다**. 이것이 바로 베드로가 강조한 형제 우애요 사랑임을 알아야 한다. 주님께서 보여 주신 대로(요 21:18,19) 자신이 죽을 때가 임박했음을 감지한(14절) 베드로는 자기가 지상을 떠나기 전에 할 수 있는 최상의 일이 다른 성도들의 믿음을 돕고 세워 주는 것임을 강조하고 있는 것이다. 『**그리고 네가 많은 증인들 가운데서 내게 들은 것들을 신실한 사람들에게 맡기라. 그들이 또 다른 사람들을 가르칠 수 있으리라**』(딤후 2:2). 『**어떤 사람들의 습관처럼 우리 자신들이 함께 모이는 것을 저버리지 말고 서로 권면하여 그 날이 가까워 오는 것을 볼수록 더욱 그리하자**』(히 10:25).

■ 새롭게 깨달았거나 적용할 내용이 있다면 적어 보세요. ■

제1과
복습문제

1. 『하나님, 곧 예수 우리 주를 아는 (   )을 통해 너희에게 은혜와 평강이 더욱 많아지기를 바라노니』(벧후 1:2).

2. 『영광』은 미래의 것이며 『덕』은 (   )의 것이다.

3. 신성의 능력(divine power)으로 우리에게 지극히 크고 귀한 약속들(요 1:12; 5:24; 6:47, 롬 10:9, 약 1:21)을 주심은 그 약속들을 믿었을 때 (   )(divine nature)에 동참할 수 있기 때문이다.

4. (   )은 "하나님과 같아진 영적 상태"를 뜻하는 단어로, 주 예수 그리스도와 일치해 있는 것이 말한다.

5. 성도가 믿음 위에 덕을 더하고, 덕 위에 지식을 더하며, 지식 위에 절제를 더하고, 절제에 또 인내를, 인내 위에 경건을, 경건에 형제 우애를, 그리고 형제 우애에 사랑을 더한다면, 온전한 그리스도인이 되어 (   )할 일이 없게 된다.

■ 새롭게 깨달았거나 적용할 내용이 있다면 적어 보세요. ■

NOTES

NOTES

제2과
성경의 권위와 영감(1:15-21)

『우리가 우리 주 예수 그리스도의 능력과 오심을 너희에게 알게 한 것은 교묘하게 꾸며 낸 이야기를 좇은 것이 아니라 그의 위엄의 목격자들이었기 때문이라』(벧후 1:16).

주의 위엄의 목격자들의 증언

『또한 내가 떠난 후에라도 너희가 이러한 것들을 항상 기억할 수 있도록 내가 힘쓰겠노니 우리가 우리 주 예수 그리스도의 능력과 오심을 너희에게 알게 한 것은 교묘하게 꾸며 낸 이야기를 좇은 것이 아니라 그의 위엄의 목격자들이었기 때문이라. 지극히 큰 영광으로부터 이러한 음성이 그에게 들려오기를 "이는 내 사랑하는 아들이요 그 안에서 내가 기뻐하노라." 하실 때에 그가 하나님 아버지로부터 존귀와 영광을 받으셨느니라. 이 음성은 우리가 그와 함께 거룩한 산에 있을 때 하늘에서 나온 것을 들은 것이라』(15-18절).

사도 베드로는 그가 세상을 떠난 후에 남겨진 성도들이 『이러한 것들을 항상 기억할 수 있도록』 힘쓰겠다고 말한다. 그것이 그가 지상에서 할 수 있는 최상의 일이라는 것이다. 베드로는 이 일에 집착하고 있다. 왜냐하면 그는 주님께로부터 『**내 어린양들을 먹이라.**』, 『**내 양들을 먹이라.**』, 『**내 양들을 먹이라.**』(요 21:15-17)는 명령을 받았고, 그 명령을 결코 잊지 않고 있었기 때문이다. 베드로 자신도 『**예수 그리스도의 영원한 왕국**』(11절)에서 상속받게 될 『**유업의 상**』(골 3:24)을 기억하고 그것을 놓치지 않기 위해 부단히 애쓰고 있는 것이다. 사도 바울 역시 그러한 믿음을 독려하고 있다. 『**경기장에서 달리는 사람들이 모두 달릴지라도 한 사람만이 상을 받는 것을 너희가 알지 못하느냐? 그러므로 너희도 상을 얻게 되도록 달리라**』(고전 9:24).

베드로후서에는 재림에 관한 유명한 구절이 있는데, 바로 16절이다. 『**우리가 우리 주 예수 그리스도의 능력과 오심을 너희에게 알게 한 것은 교묘하게 꾸며 낸 이야기를 좇은 것이 아니라 그의 위엄의 목격자들이었기 때문이라.**』

베드로는 주님의 다시 오심과 관련된 자신의 증거가 『**교묘하게 꾸며 낸 이야기를 좇은 것**』이 아니라고 강조한다. 오히려 자신이 『**그의 위엄의 목격자들**』 가운데 한 사람이었으며, 자신이 실제로 눈으로 보았던 예수 그리스도의 『위엄』은 그분의 『**능력**』과 『**오심**』이었다고 말한다. 능력 있게 다시 오시는 주님의 위엄을 직접 목격했다는 것이다.

말하자면 베드로는 다른 두 제자인 야고보, 요한과 더불어 주님을 따라 높은 산으로 올라갔다가, 그곳에서 재림의 모습으로 변형되신 주님을 목격하게 되었다. 『**엿새 후에 예수께서 베드로와 야고보와 야고보의 형제 요한을 데리고 따로 떨어져 있는 높은 산으로 올라가시어, 그들 앞에서 변형되시니 그의 얼굴은 해처럼 빛나고 그의 옷은 빛처럼 희어지더라. 그런데, 보라, 모세와 엘리야가 그들에게 나타나서 주와 함께 이야기하더라. 그러자 베드로가 예수께 대답하여 말씀드리기를 "주여, 우리가 여기 있는 것이 좋사오니 주께서 원하시면 여기에 장막 셋을 짓되, 하나는 주를 위하여, 하나는 모세를 위하여, 하나는 엘리야를 위하여 짓겠나이다."라고 하더라. 그가 아직 말하는 중인데, 보라, 빛나는 구름이 그들 위를 덮더라. 보라, 구름 속에서 음성이 있어 말하기를 "이는 내 사랑하는 아들이요, 그 안에서 내가 기뻐하노니 너희는 그의 말을 들으라." 하는지라 제자들이 듣고 얼굴을 땅에 대고 심히 두려워하니 예수께서 오셔서 그들을 만지시며 말씀하시기를 "일어나라. 그리고 두려워 말라."고 하시더라. 그들이 눈을 들어 보니 예수 외에는 아무도 보이지 아니하더라**』(마 17:1-8). 이와 같이 베드로가 변형산에서 목격한 주님의 위엄은 주 예수 그리스도께서 재림하시는 모습이었다. 베드로는 이것을 가리켜서 『**주 예수 그리스도의 능력과 오심**』이라고 표현했다. 이 능력과 오심을 그로부터 엿새 전에 주님께서 친히 "인자가 그의 왕국으로 오는 것"이라고 표현하셨다. 『**진실로 내가 너희에게 말하노니, 여기 서 있는 사람들 몇은 인자가 그의 왕국으로 오는 것을 볼 때까지 죽음을 맛보지 아니하리라**』(마 16:28). 이미 지상에 와 계신 분께서 주님 자신의 왕국으로 오시는 것을 말씀하셨다면 그것은 분명 미래에 있을 일이며, 초림이 아닌 재림을 말씀하신 것이다.

위의 변형산에서 모세와 엘리야가 나타나서 주님과 이야기를 나누었을 때 그들이 나눈 대화는 누가복음 9:31에 따르면 주님의 죽으심과 관련된 것이었다. **『그런데, 보라, 두 사람이 주와 대화하는데 그들은 모세와 엘리야라. 영광 중에 나타난 그들은 이제 예루살렘에서 이루시려고 하는 주의 죽음에 관하여 이야기하고 있더라』**(눅 9:30,31). 또한 베드로 일행이 변형산에서 주님의 변형을 통해 영광 중에 재림하시는 예수 그리스도를 목격했던 것은 **『엿새 후』**(마 17:1), 즉 "일곱째 날"이었는데, 누가복음 9:28에서는 이를 **『약 팔일째 되는 날』** 이라고 기술하고 있다. **『엿새 후』인데 『약 팔일째 되는 날』**이라면 그것은 "일곱째 날"(7천 년째, 벧후 3:8)을 가리킨다. 주님께서는 인류 역사 6천 년이 저물고 7천 년이 되는 날 변형산에서의 영광스런 모습으로 능력 있게 재림하실 것이다.

1. 재림과 관련된 "높은 산"

또한 주님께서는 베드로, 야고보, 요한을 데리고 『높은 산』(마 17:1)으로 가서 재림의 모습을 보여 주셨는데, 이 점은 주님의 재림이 『높은 산』과 관련 있음을 알게 한다. **『그의 발이 그 날에 예루살렘 앞 동편에 있는 올리브 산 위에 서시리니, 올리브 산은 그 중간이 동쪽과 서쪽으로 갈라져 매우 큰 골짜기가 생길 것이며, 산의 절반은 북쪽으로, 산의 절반은 남쪽으로 옮겨지리라』**(슥 14:4). 재림하시는 주님께서는 이 올리브 산 위에 서시기 전에 먼저 시내 산으로 오실 것이고(출 19:18,20), 그 뒤 파란(Paran) 산을 거쳐 올리브 산 위에 서실 것이다. **『주께서 시내에서 오시어 세일에서 일어나시고 파란 산에서 비치시며, 그가 수만 성도들과 함께 오셨으니』**(신 33:2). **『하나님은 테만으로부터 오

시며 거룩하신 분은 파란 산으로부터 오셨도다』(합 3:3). 이처럼 주님의 재림은 시내 산, 파란 산, 올리브 산과 관련된 재림의 경로에서 보듯이 『**높은 산**』과 관계가 깊다.

2. 재림 때 해처럼 빛나실 주님

베드로는 주님께서 변형되실 때에 그분의 얼굴이 『해처럼』 빛나는 것을 보았다. 예수 그리스도의 재림을 서술하고 있는 말라키 4:2에서는 이러하신 주님을 『**의의 태양**』이라 지칭한다. 주의 날에 성령 안에서 셋째 하늘에 올라가서 주님을 본 사도 요한은 그가 본 주님의 모습을 이렇게 묘사한다. 『**용모는 해가 그 맹렬한 기세로 비치는 것 같더라**』(계 1:16). 또한 시편 19:5은 『**태양은 신랑방에서 나오는 신랑 같고... 그의 떠오름은 하늘 끝에서부터며 그의 회전은 하늘 끝들까지니 그 열기로부터 숨은 것은 아무것도 없도다.**』라고 말씀함으로써, 재림하시는 예수 그리스도를 "어린양의 혼인식을 끝내고 내려오시는" 태양으로서 묘사한다(계 19:7-16). 주님께서는 마태복음 13:43에서 말씀하시기를, 천년왕국에서는 의인들이 주님처럼, 즉 『**해처럼 빛나리라.**』고 하셨다. 이처럼 성경은 재림하시는 예수 그리스도의 모습을 떠오르는 아침 해와 같이 찬란한 모습으로 묘사하고 있다.

3. 재림과 관련된 "모세"와 "엘리야"의 등장

변형산에 나타나 주님과 이야기한 모세와 엘리야 역시 예수 그리스도의 재림과 깊은 관련이 있는 인물들이다. 모세와 엘리야는 예수 그리스도의 지상 재림 전에 대환란 기간 중에 지상에 출현하여 하늘을 닫는 권세와 비를 오지 못하게 하는 능력과 물을 피로 변하게 하는 권세를 가지고서 주님의 증인들로서 활약하게 될 것이다(계 11:3-8). 이 두 사람이 예수 그리스도를 증거하다가 그들의 임무를 마칠 즈음에 적그리스도에게 죽임을 당했다가 사흘 반 후에 부활하는데, 이들의 부활과 휴거는 환란 성도들의 부활과 휴거를 대표한다(계 11:9-12).

이처럼 모세와 엘리야가 예수 그리스도의 재림 이전 대환란 기간 중에 지상에 내려오게 될 일은 구약의 마지막 책인 말라키에 예언되어 있다. 『**너희는 내가 온 이스라엘을 위하여 호렙에서 규례들과 명령들로 그에게 명했던 내 종 모세의 율법을 기억하라. 보라, 내가 주의 크고 무서운 날이 오기 전에 선지자 엘리야를 너희에게 보내리니, 그가 아비들의 마음을 자식들에게로, 자식들의 마음을 그들의 아비들에게로 돌이켜, 내가 와서 땅을 저주로 치지 않게 하리라**』(말 4:4-6).

4. 예수 그리스도의 재림을 보여 주는 "구름"

베드로는 변형산에서 머리 위에 『**빛나는 구름**』(마 17:5)이 뒤덮는 것을 보았다. 그 구름 가운데서 하나님의 음성이 들려왔는데, 이 구름 역시 이 땅을 통치하시기 위해 능력과 영광 가운데 오시는 예수 그리스도의 재림을 보여 준다. 『**내가 보았더니, 보라, 북쪽에서 회오리바람과 큰 구름과 불덩어리가 나오는데 그 주위에 광채가 있으며**』(겔 1:4). 『**보라, 그가 구름들과 함께 오시리니, 모든 눈이 그를 볼 것이며**』(계 1:7). 사도행전 1장에서 주님께서 하늘로 올라가실 때 그 광경을 보고 하늘을 주시하고 있던 사람들의 시야를 구름이 가렸는데, 그때 흰옷을 입은 두 사람이 그들 곁에 나타나 『**너희 갈릴리 사람들아, 어찌하여 너희는 하늘을 쳐다보고 서 있느냐? 너희를 떠나 하늘로 들려 올라가신 바로 이 예수는 너희가 하늘로 가심을 본 그대로 오시리라.**』(행 1:11)라고 한 사건 역시 주님께서 다시 오실 때 구름이 나타나리라는 것을 알려 준다.

5. 베드로가 벗게 될 "장막"과 "재림"

베드로는 자신이 『**장막을 벗어날 때가 임박했음**』(14절)을 말하면서 그리스도의 『**오심**』에 대해 이야기하고 있다. 재림에 관한 베드로에 기술에는 종종 『**장막**』이 동반된다. 『**이는 우리 주 예수 그리스도께서 내게 보여 주신 것같이 나도 나의 장막을 벗어날 때가 임박했음을 앎이라**』(14절). 『**그러자 베드로가 예수께 대답하여 말씀드리기를 "주여, 우리가 여기 있는 것이 좋사오니 주께서 원하시면 여기에 장막 셋을 짓되, 하나는 주를 위하여, 하나는 모세를 위하여, 하나는 엘리야를 위하여 짓겠나이다."라고 하더라**』(마 17:4). 신명기 16:16에는 이스라엘이 지킬 세 명절이 나오는데 그중 하나가 장막절이다. 『**너희 중 모든 남자는 주 너의 하나님 앞에 일 년에 세 번씩, 즉 무교절과 칠칠절과 장막절에 그분께서 선정하실 곳에 나오되 그들은 빈손으로 주께 나오지 말지니라.**』 세 명절 가운데 『장막절』이 재림을 예표하는데, 장막절은 이집트 땅에서 벗어난 이스라엘 민족의 안식을 의미한다는 점에서 재림 때의 안식을 보여 주는 명절이다. **장막절은 이스라엘이 민족적으로 회복되고 천년왕국에서 안식하게 될 것을 내다본다는 점에서 예언적 의미가 있는 명절인데, 천년왕국 때에는 이스라엘뿐만 아니라 모든 민족들이 기념하는 날이 될 것이다**(슥 14:16-21).

더 확실한 예언의 말씀

『우리에게 더 확실한 예언의 말씀이 있으니, 날이 새어 샛별이 너희 마음에 떠오르기까지 너희가 어두운 곳에서 빛나는 빛에 주의하듯 이 예언의 말씀에 주의하는 것이 잘하는 것이니라.

먼저 이것을 알지니, 성경의 어떤 예언도 사사로운 해석에서 나온 것이 아니니, 예언은 예전에 사람의 뜻에서 나온 것이 아니요 오직 하나님의 거룩한 사람들이 성령으로 감동을 받아 말한 것이니라』(19-21절).

주 예수 그리스도의 위엄의 목격자들 가운데 한 사람이었던 베드로는 그가 변형산에서 직접 목격했던 것보다, 그 산에서 들었던 하나님 아버지의 음성(17,18절)보다 더 확실한 것을 제시한다. 그것은 바로 "예언의 말씀"이다. 『**우리에게 더 확실한 예언의 말씀이 있으니, 날이 새어 샛별이 너희 마음에 떠오르기까지 너희가 어두운 곳에서 빛나는 빛에 주의하듯 이 예언의 말씀에 주의하는 것이 잘하는 것이니라**』(19절). 말하자면 베드로는 지금 우리에게 "성경"을 제시하고 있는 것이다. 성경은 세상의 어둠을 밝혀 주는 "유일한" 진리의 등불이다. 『**주의 말씀은 내 발에 등불이요, 내 길에 빛이니이다**』(시 119:105). 그리스도인은 이 하나님의 말씀을 등불 삼아서 세상의 어두움을 밝히고 있어야 한다. 『**날이 새어**』, 밤이 다 지나고 아침이 밝아올 때까지, 그리고 『**샛별이... 떠오르기까지**』 그래야 하는데, 그 『**샛별**』이 『**너희 마음에**』 떠오를 때까지 그래야 한다고 성경은 강조하고 있다.

『**샛별**』(day star)은 "낮의 별"로서, 요한계시록 22:16에서는 『**새벽별**』(morning star), 곧 "아침의 별"로 표현한다. "낮의 별"이요 "아침의 별"이라면 그것은 "태양"이다. 성경에서 "태양"은 주 예수 그리스도를 가리키는데, 따라서 『**샛별이... 떠오르기까지**』는 "예수 그리스도께서 나타나시기까지"란 뜻이 된다. 그런데 이 "태양"이 『**너희 마음에 떠오르기까지**』 예언의 말씀에 주의해야 한다고 말씀하고 있다. 예수 그리스도께서는 그리스도인의 "마음"에 떠오르실 때까지 예언의 말씀에 주의를 기울이며 재림을 대비해야 한다는 뜻이다. 자신을 가리켜서 『**나 예수는... 빛나는 새벽별이라.**』(계 22:16)라고 말씀하신 주님께서 다시 오실 때에는 성도의 『**마음에**』 먼저 떠오르시는 것이다. 마음에서 "태양"을 인지한 순간 눈 깜짝하는 사이에 위로 들려 올라가는 것이다! 그렇게 될 때까지, 죄로 어두운 이 세상에서 예언의 말씀을 "빛나는 빛"으로 삼고 그 『더 확실한 예언의 말씀』에 주의하기를 마음속에 "태양"이 떠오를 때까지 해야 한다는 것이다.

우리가 살고 있는 지금의 교회 시대는 성경에서 어두운 밤으로 묘사된다. 『**밤이 많이 지났고 낮이 가까웠느니라**』(롬 13:12). 『**주의 날이 밤에 도둑같이 오리라는 것을 너희 자신이 정확히 알고 있기 때문이니라**』(살전 5:2). 주님께서는 이런 우리에게 『**보라, 내가 도둑같이 오리니 깨어 있어 자기 옷을 지켜서 벗은 채로 다니지 아니하고, 사람들에게 자기 수치를 보이지 않는 자는 복이 있도다.**』(계 16:15)라는 말씀하신다. 빛의 자녀요, 낮의 자녀인 그리스도인은 이 세상의 어두움에 속하지 않기에 오히려 다른 사람들처럼 자지 말고 정신을 차리고 깨어 있어 예수 그리스도의 다시 오심을 대비하고 있어야 한다(살전 5:5,6). 우리는 "밤"을 통과하고 있지만 본질은 낮에 속한 사람들이기 때문에 "예언의 말씀"에 주의하며 항상 깨어 있어야 하는 것이다. 이러한 우리를 가리켜서 성경은 "잘하고 있는" 것이라고 칭찬하고 있다(19절).

"더 확실한 예언의 말씀," 곧 "성경의 예언"은 『사사로운 해석에서 나온 것이 아니니, 예언은 예전에 사람의 뜻에서 나온 것이 아니요 오직 하나님의 거룩한 사람들이 성령으로 감동을 받아 말한 것』이다(20,21절). 이러한 성경을 펼쳐서 그 안에 기록된 『**더 확실한 예언의 말씀**』으로 어둠을 밝히고 있지 않는다면, 그 그리스도인은 인생을 매우 잘못 살고 있는 것이다. 일단 그리스도인이 되었다면 자신의 길이 "빛나는 빛같이 점점 더 빛나 완전한 날에 이르게" 해야 한다(잠 4:18). 『**오직 하나님의 거룩한 사람들이 성령으로 감동을 받아 말한**』 성경의 예언들을, 그 영감으로 주어진(딤후 3:16) 말씀을 그 책의 저자이신 성령님의 조명을 받아 공부하고(딤후 2:15), 그 말씀의 "권위"(전 8:4)를 인정하여 거기에 기록된 예언에 늘 주의함으로써 『**의의 태양**』(말 4:2)께서 마음에 떠오르실 순간까지 깨어 있는 삶을 살아야 하는 것이다.

■ 새롭게 깨달았거나 적용할 내용이 있다면 적어 보세요. ■

제2과
복습문제

1. 『우리가 우리 주 예수 그리스도의 (　　　　　)과 (　　　　　)을 너희에게 알게 한 것은 교묘하게 꾸며 낸 이야기를 좇은 것이 아니라 그의 위엄의 목격자들이었기 때문이라』(벧후 1:16).

2. 베드로가 변형산에서 본 것은 주 예수님께서 (　　　　　)하시는 모습이었다.

3. 『그런데, 보라, 두 사람이 주와 대화하는데 그들은 모세와 엘리야라. 영광 중에 나타난 그들은 이제 예루살렘에서 이루시려고 하는 주의 (　　　　　)에 관하여 이야기하고 있더라』(눅 9:30,31).

4. (　　　　　)은 이집트 땅에서 벗어난 이스라엘 민족의 안식을 의미한다는 점에서 재림 때의 안식을 보여 주는 명절이다.

5. 『우리에게 더 확실한 예언의 말씀이 있으니, 날이 새어 (　　　　　)이 너희 (　　　　　)에 떠오르기까지 너희가 어두운 곳에서 빛나는 빛에 주의하듯 이 예언의 말씀에 주의하는 것이 잘하는 것이니라』(벧후 1:19).

■ 새롭게 깨달았거나 적용할 내용이 있다면 적어 보세요. ■

NOTES

제3과

환란에 대한 경고들(2:1-9)

『주께서는 어떻게 경건한 자들을 시험에서 구해 내시고 불의한 자들을 형벌에 처할 심판의 날까지 가두실 것을 아시느니라』(벧후 2:9).

거짓 선지자들과 거짓 교사들에 대한 경고

『그러나 백성 가운데도 거짓 선지자들이 있었던 것처럼 너희 가운데도 거짓 교사들이 있으리라. 그들은 저주받을 이단들을 비밀리에 불러들여서 자기들을 사신 주를 부인하기까지 하며, 급격한 파멸을 스스로 불러들이느니라. 또한 많은 사람들이 그들의 파멸의 길을 따르리니 그들로 인하여 진리의 길이 비방을 받을 것이라. 그들은 탐욕을 품고 지어 낸 말로 너희에게서 이득을 취하리니, 이제 그들의 심판은 예로부터 지체하지 않으며 그들의 멸망은 졸지 아니하느니라』(1-3절).

하나님께서는 『마지막 날들에 아주 어려운 때가 오리라.』고 경고하시면서(딤후 3:1), 그 때에 『사람들이 건전한 교리를 견디지 못하고, 그들 자신의 정욕에 따라 가려운 귀를 즐겁게 해 줄 선생들을 많이 두리라』고 말씀하셨다(딤후 4:3). 하나님께서 "강력한 미혹"을 보내시어 그들로 『거짓말을 믿게 하심은 진리를 믿지 않고 불의를 좋아하는 모든 자로 심판을 받게』 하려는 목적이다(살후 2:11,12).

거짓 교사들의 특징

이 특징을 통해 오늘날 배교한 한국 교회들의 실상을 엿볼 수 있다.

1. 저주 받을 이단들을 비밀리에 불러들인다(1절).
2. 자기들을 사신 주마저 부인한다(1절).
3. 급격한 파멸을 스스로 불러들인다(1절).
4. 사람들을 파멸의 길로 인도한고, 진리의 길을 비방한다(2절).
5. 탐욕을 품고 지어 낸 말로 이득을 취한다(3절).

외계의 방문자들에 관한 경고

『하나님께서는 죄를 지은 천사들조차 아끼지 않으시고 지옥에 던져서 흑암의 사슬에 내어주어 심판 때까지 가두어 두셨으며』(4절).

1. 죄를 지은 천사들

이들의 정체는 창세기 6장에 등장하는 『**하나님의 아들들**』이다. 그들은 『자기들의 처음 지위를 지키지 아니하고 자신들의 처소를 떠난 천사들』로서(유 1:6), 이 땅에 방문하여 사람들의 딸들을 아내로 삼았다. 그들의 불법적인 결합을 통해 "거인들"이 탄생했으며, 그들은 "옛날의 용사들"로 "유명한 사람들"이 되었다. 이는 하나님의 창조 질서를 파괴하는 극심한 죄악으로, 하나님의 심판을 초래하게 되었다.

2. 이 땅을 다시 방문하는 외계인들

창세기 6장에서 벌어진 일들은 대환란 때 한 번 더 반복될 것이다. 교회가 휴거되고 이 땅에 대환란 기간이 펼쳐지면, 환란 중반에 타락한 천사들이 실제로 다시 이 땅에 오는 것이다(계 12:3,4). 하늘에서 내려온 타락한 천사들은 인간들과 결합할 것이며, 이는 다니엘에서 철과 진흙이 섞인 열 개의 발가락들로 묘사된다.

『**왕께서 철과 차진 진흙이 섞인 것을 보셨으니 그들은 사람들의 씨와 섞일 것이나 그들이 서로 합하지 못하는 것이 철이 진흙과 섞이지 못함과 같으리이**

다』(단 2:43).

"철"은 "그들"에 해당하고 "진흙"은 "사람들의 씨"에 해당한다. 이들은 요한계시록에서 예언한 "열 왕들"과 일치한다(계 12:3; 13:1). 이들은 초자연적인 존재들과 인간들 사이에서 나온 자들인데 적그리스도의 왕국의 왕들이 될 것이며 죄인들이 그들을 따를 것이고, 그들은 적그리스도에게 자신들의 권세를 줄 것이다(계 17:12).

3. 외계인을 기다리는 사람들

그리스 철학자 에피쿠로스는 "우주는 무한하다. 그래서 우리가 모르는 생명체가 사는 곳도 수없이 많을 것"이라고 주장했다. 그 이후로 사람들은 외계 생명에 대한 관심을 보여 왔으며, 1960년 이후로는 전파 탐사를 통해서 외계 생명체를 찾는 프로젝트가 진행되고 있다. 2021년 조사에 따르면 10,417명의 미국 성인들을 조사 한 결과 미국 개신교의 51%가 외계인의 존재를 믿고 있다고 한다. 사람들은 영화와 같은 세상 문화를 통해서, 거짓되이 일컬어지는 과학을 통해서 외계인들을 받아들일 준비를 하고 있는 것이다.

로마 카톨릭은 "바티칸 천문대"를 운영하고 있으며, 그들도 다른 행성에 외계 생명체가 존재할 것으로 믿는다. 바티칸 천문대의 관계자인 콘솔마뇨(Guy Consolmagno)는 비공식 인터뷰에서 "우리는 또 다른 세계로부터 온 외계인 구주의 방문을 받을 것이다."라고 밝힌 바 있다.

세상 죄인들과 적그리스도의 교회인 로마카톨릭이 외계인들과의 접촉을 열망하고 있다! 세상은 적그리스도를 영접할 준비가 되어 있는 것이며, 예수 그리스도께서도 그렇게 말씀하셨다. 『**내가 나의 아버지의 이름으로 왔으나 너희가 나를 영접하지 아니하는도다. 만일 다른 자가 자기 이름으로 오면 너희는 그를 영접하리라**』(요 5:43).

대환란과 노아의 날들

『또 옛 세상을 아끼지 아니하셨으나 여덟 번째 사람인 의의 전파자 노아는 구원하시고 경건치 않은 자들의 세상에 홍수를 내리셨느니라』(5절).

1. 대홍수는 대환란을 예표한다.

예수님께서는 『**인자의 오는 것**』이 『**노아의 날들**』과 같다고 말씀하셨다(마 24:37). 따라서 노아의 홍수는 지상 재림 전에 있을 대환란의 예표가 된다.

『그러나 노아의 날들과 같이 인자의 오는 것도 그러하리라. 홍수 전의 날들에 그들이 먹고 마시며, 장가가고 시집가고 하기를, 노아가 방주로 들어가던 날까지 하다가 홍수가 나서 그들을 모두 다 쓸어 버릴 때까지 그들이 알지 못하였던 것같이, 인자의 오는 것도 그러하리라』(마 24:37-39).

2. 노아와 그의 가족은 유대인 환란 성도들을 예표한다.

노아의 대홍수와 대환란의 관계는 요한계시록에서도 나타난다. 『**그 뱀이 여인 뒤에다 자기 입에서 물을 홍수같이 쏟아 그 여인을 홍수에 떠내려가게 하려 하되**』(계 12:15).

이 홍수에서 구해 냄을 받는 사람들은 대환란 때 적그리스도의 박해를 피해 광야로 피신하는 유대인 환란 성도들이다. 노아와 그의 가족들이 대홍수를 통과하며 살아남았듯이, 이스라엘의 남은 자들도 대환란을 통과하며 보존될 것이다(계 7장).

3. 경건치 않은 자들의 세상에 홍수를 내리셨다.

에녹은 예수 그리스도의 재림에 대한 예언과, 경건치 않은 자들에 대한 경고를 했다. 『**보라, 주께서 수만 성도들과 함께 오시나니 이는 모든 사람을 심판하시고 그들 가운데 있는 경건치 않은 모든 자가 경건치 않게 행한 모든 경건치 아니한 행위와 경건치 아니한 죄인들이 주를 거슬러 말한 모든 거친 말에 대하여 정죄하시려는 것이라.**』(유 1:14,15)

홍수 이전에 들림 받은 에녹은 그리스도인들의 휴거를 예표한다. 에녹은 "하나님과 동행"했으며(창 5:22), 믿음으로 하나님을 기쁘시게 해드렸다는 증거를 지녔다(히 11:5,6).

하나님께서 "옛 세상"을 아끼지 않으시고 "경건치 않은 자들의 세상에" 홍수로 심판하셨던 것처럼, 이 악한 현 세상(갈 1:4)은 "경건치 아니한 자들의 심판과 멸망의 날에 불사르려고 간수되어진 것"이다(벧후 3:7). 에녹이 대홍수 전에 하늘로 들림을 받았던 것처럼, 그리스도인들도 대환란을 통과하지 않고 휴거될 것이다.

대환란과 롯의 날들

『또 소돔과 고모라 성읍들을 무너뜨림으로 정죄하여 재가 되게 하셔서 후세에 경건치 않게 살 자들에게 본으로 삼으셨으며 또 사악한 자들의 음란한 행실로 인하여 고통당하는 의로운 롯을 건

져내셨으니 (이는 그 의인이 그들 가운데 살면서 날마다 그 들의 불법적인 행동을 보고 들음으로써 그의 의로운 혼이 고통을 당하였기 때문이니라.)』(6-8절).

예수님께서는 "인자가 나타나는 날"을 "롯의 날들"과 같다고 말씀하셨다(눅 17:28,30). 롯의 날들을 살펴봄으로써 예수 그리스도의 재림을 전후해서 어떤 일들이 일어나는지 유추해 볼 수 있다.

1. 소돔과 고모라 성읍들의 죄악

소돔인들은 『**주 앞에 극심한 죄인들**』(창 13:13)이었다. 성경은 소돔의 죄악을 "자만과 양식의 충분함" 그리고 『**게으름의 풍성함**』이라고 말씀하신다(겔 16:49). 양식이 풍부하니, 자만 가운데 게을러졌고, 성적 범죄가 만연해진 것이다. 『**사악한 자들의 음란한 행실**』(7절)은 근친상간, 동성연애, 짐승과 교접하는 수간 등으로 나타났다(레 18장).

노아의 날들에 하나님께서 "옛 세상을 아끼지" 않으셨던 이유도, 성적 타락이 주요한 원인이었다. 타락한 천사들이 인간과 결합했던 것처럼, 소돔과 고모라에서도 그와 같은 일들이 벌어진 것이다.

『**소돔과 고모라와 또 그 같은 방식을 따르는 그 주위의 성읍들까지도 자신들을 음행에 내어주어 다른 육체를 따라가다가 영원한 불의 형벌을 받음으로 한 본보기가 되었느니라**』(유 1:7).

오늘날은 동성연애와 수간을 비롯한 온갖 성적 타락이 이상하지 않을 정도로 사람들의 양심이 화인을 맞은 시대이다. 동성간의 결혼을 허용하는 법률은 2001년 네덜란드에서 최초로 제정되었고, 2024년 현재 영국과 미국, 프랑스,

아르헨티나 등 전 세계 35개 국가에서 허용하고 있다. 시민 결합 제도를 시행하고 있는 국가들을 포함하면 전 세계 44개 국가가 동성 커플의 법적 지위를 보장하고 있다.

오늘날은 성도착이나 음행, 동성연애 등을 더 이상 죄로 여기지 않는 세상이 되었다. 오히려 그것을 죄라고 책망하는 사람들이 비난받고 감옥에 가는 시대가 되었다. 죄를 죄로 여기지 않는 세상, 이는 모두 적그리스도의 길을 예비하는 것이다.

동성연애 등을 비롯한 성적 타락이 극심해졌을 때, 노아의 대홍수가 있었으며, 소돔과 고모라 성읍이 멸망했음을 기억해야 한다. 이런 현상은 세상의 빛과 소금의 역할을 하는 교회가 휴거 된 이후 급속도로 악화될 것이고, 대환란 기간에 절정에 달하게 될 것이다.

님롯은 바빌론 왕이었으며 남녀노소를 가리지 않는 성도착자였다. 그는 적그리스도의 강력한 예표이다. 피터 럭크만 목사의 설명에 따르면 가까운 미래에 국제 연합은 수간과 식인 행위가 주된 특징이 될 것이고, 적그리스도는 『**여자들의 원하는 바를 개의치**』 않는(단 11:37) 암수한몸의 성도착자로 등장한다.

오늘날과 같이 성적 타락이 죄로 여겨지지 않는 시대에 예수 그리스도의 다시 오심이 한층 더 가까워졌다는 사실에 경각심을 가져야 한다.

경건한 자를 구해 내시는 하나님

『주께서는 어떻게 경건한 자들을 시험에서 구해 내시고 불의한 자들을 형벌에 처할 심판의 날까지 가두실 것을 아시느니라』(9절).

1. 여덟 번째 사람인 의의 전파자 노아는 구원하셨다.

노아는 그 당대에 완전한 사람이었다(창 6:9). 이는 죄 없는 완전함을 말하는 것이 아니라 그 당시의 온갖 죄들에 동참하지 않은 것을 의미한다. 온 세상이 음행을 성적 취향이라고 말하며 자연스럽게 받아들였을 때, 노아만이 동참하지 않았던 것이다. 벌링거는 "노아와 노아의 가족만이 당시 타락한 천사들이 가져온 온갖 타락한 풍속들로부터 순수성을 지키고 있었고, 그들만이 순수한 혈통을 보존했다."고 주석을 달았다. 노아는 세상 풍조에 휩쓸리지 않은 것이다. 성경은 그리스도인들에게 『**다른 사람들의 죄들에 동참자가 되지 말며 네 자신을 정결하게 지키라.**』(딤전 5:22)라고 권면하고 있다.

2. 의로운 롯을 건져내셨다.

롯은 그리스도의 심판석에서 자신이 행한 모든 일들이 타 버리고 자기의 혼만 겨우 구원받는, "불에 의해서인 것처럼 구원받는"(고전 3:15) 육신적인 그리스도인의 예표가 된다.

하나님께서는 롯에게 『**서둘러서 그곳으로 도피하라. 네가 그곳에 도착하기 전에는 내가 아무 일도 할 수 없노라.**』(창 19:22)라고 말씀하셨다. 하나님께서는 롯이 빠져나오기 전에는 심판을 내리실 수 없었다. 롯을 소돔과 고모라 성읍과 함께 멸망하도록 내버려 두시지 않으셨다.

『**이는 하나님께서 우리가 진노를 받도록 정해 놓으신 것이 아니라 우리 주 예수 그리스도를 통하여 구원을 받게 하셨기 때문이라**』(살전 5:9). 따라서 구원받은 그리스도인이라면, 절대 대환란을 통과하지 않는다. 하나님께서는 『**모든 악한 일에서 구해 내시고, 그의 하늘나라에 이르기까지**』 그리스도인들을 보호하신다(딤후 4:18).

제3과
복습문제

1. 『그러나 백성 가운데도 거짓 선지자들이 있었던 것처럼 너희 가운데도 거짓 (　　　　　)들이 있으리라. 그들은 저주받을 이단들을 비밀리에 불러들여서 자기들을 사신 주를 부인하기까지 하며, 급격한 파멸을 스스로 불러들이느니라』(벧후 2:1).

2. 『하나님께서는 죄를 지은 (　　　　　)들조차 아끼지 않으시고 지옥에 던져서 흑암의 사슬에 내어주어 심판 때까지 가두어 두셨으며』(벧후 2:4).

3. 『그러나 (　　　　　)의 날들과 같이 인자의 오는 것도 그러하리라』(마 24:37).

4. 『또 소돔과 고모라 성읍들을 무너뜨림으로 정죄하여 재가 되게 하셔서 후세에 경건치 않게 살 자들에게 (　　　　　)으로 삼으셨으며』(벧후 2:6)

5. 『주께서는 어떻게 (　　　　　)한 자들을 시험에서 구해 내시고 불의한 자들을 형벌에 처할 심판의 날까지 가두실 것을 아시느니라』(벧후 2:9).

■ 새롭게 깨달았거나 적용할 내용이 있다면 적어 보세요. ■

NOTES

NOTES

제4과

거짓 선지자들과 거짓 교사들의 실체와 종말 (2:10-22)

『이들은 잡혀서 멸망케 된 본성이 잔인한 짐승 같아서 자기들이 알지 못하는 것을 비방하다가 그들 자신의 타락 가운데서 완전히 멸망하게 되리라』(벧후 2:12).

거짓 선지자들과 교사들

하나님의 종입네 하지만 실제로는 사람들을 파멸로 인도하는 자들은 어느 시대에나 있다(왕상 22:6, 행 13:6, 요일 4:1). 그들은 자신들의 무지 가운데서 홀로 멸망하는 게 아니라, 다른 사람들을 오도하기까지 하기에 그들을 향한 하나님의 진노를 켜켜이 쌓는다(눅 11:52). 그들의 그런 거짓된 행태의 원천은 자명하게도 사람들의 파멸을 기뻐하는 거짓말의 아비, 곧 마귀다(요 8:44).

문제는 마귀와 그 하수인들도 성경을 인용할 수도 있고(마 4:5,6), 하나님의 말씀처럼 말할 수도 있기에(왕상 13:18), 어설픈 분별력으로는 그들을 구분해 내기가 쉽지 않다는 사실이다. 그들의 수법은 나날이 변화하고 교묘해져 가기까지 한다. 이런 현실 앞에 마련할 수 있는 유일한 대책은 계속해서 성경을 배우고 확신함으로써 매사에 성경이 무엇이라고 말씀하고 있는지에 대해 답할 수 있는 실력을 갖추는 것뿐이다(딤후 3:13-17). 인간적 지혜로는 어려울지 몰라도, 시의적절하게 휘둘러지는 말씀의 칼 앞에서라면 마음의 생각들과 의도들이 낱낱이 드러나고 거짓은 파훼되기에 마련일 것이다(히 4:12).

■ 새롭게 깨달았거나 적용할 내용이 있다면 적어 보세요. ■

정욕을 지향하고 권세를 무시함(10-12절)

『특히 더러운 정욕 가운데서 육체를 따라 행하고 통치권을 무시하는 자들에게니라. 그들은 대범하고 완고해서 위엄 있는 자들을 비방하기를 두려워하지 아니하느니라』(10절).

본문 말씀은 제멋대로 행동하면서 통치권(government), 즉 정부를 무시하는 행태를 보이는 것을 거짓 선지자들과 교사들의 특징 가운데 하나로 제시하신다. 이런 자들은 히피 운동, 반전 운동, 게이 해방 운동, 흑인과 여성 인권 운동 등을 일으킨 바로 그 영에 의해 통제받는 자들이다(엡 2:2). 이 나라에서 활동했던 소위 "민주화 세력"이나 학생 인권을 운운하며 "열린 교육"을 주창했던 자들 또한 다르지 않다. 그런 운동들에 음행, 마약, 절도, 폭력, 살인 등이 뒤따랐던 것은 결코 우연이 아니다. 권세에 대한 두려움의 부재는 으레 대범한 범죄 행각으로 연결되기 때문이다(민 12:6-9, 렘 5:21-24).

성경은 통치권을 지닌 자들보다 더 큰 능력과 권세를 가진 천사들조차 그들을 비방하지 않는다는 점을 들어 이런 행위의 부당함을 지적하신다(11절). 천사들이 그렇게 행동하는 까닭은 모든 권세를 정하시는 분이 하나님이시라는 사실을 잘 알고 있기 때문이다(롬 13:1). 통치권을 지닌 자들을 비방하는 일이란 궁극적으로 그들에게 권세를 주신 하나님을 비방하는 일이 되기에 천사들은 그런 일들을 삼가는 것이다.

통치자에게 불의가 있다면 그리스도인은 그것을 지적할 수 있다. 침례인 요한이 헤롯에게 "당신이 그 여자를 취하는 것이 부당하다."라고 말했던 것처럼 말이다(마 14:4). 그러나 거기까지다. 거기에서 한발 더 나가 불의에 저항한답시고 반정부 시위에 가담하거나 공무 집행을 방해한다면 하나님의 뜻과는 관계없는 일을 벌이는 것이다. 베드로가 권세 있는 왕이나 그가 보낸 관리들에게 복종하라고 성도들에게 권면했을 때, 온 세상을 호령하고 있던 로마의 황제는 그 악명 높은 "네로"였다는 점을 우리는 상기해 볼 필요가 있다. 베드로는 그렇게 해야 하는 이유를 "주를 위하여"라고 설명하고 있다(벧전 2:13,14).

치안과 질서를 유지하려는 권세자들의 지도에 순종할 줄 모르고 육체를 따라 끊임없이 방종에 빠져드는 거짓 선지자들과 교사들을 성경은 "잡혀서 멸망케 된 본성이 잔인한 짐승"이라는 다소 거친 표현으로 정죄하신다(12절). "미친 개에는 몽둥이가 필요하다."라는 어느 전 대통령의 표현처럼, 성경은 그들의 타락에는 멸망 외에는 답이 없다고 말씀하고 계신 것이다. 그런 자들은 기존의 체제와 질서를 아예 부정하고 정상적 가치관을 거부하기에 치유의 방책이 없다(대하 36:15,16).

불의의 삯에 대한 애착과 그들의 미혹(13-19절)

『그들이 바른 길을 버리고 빗나가서 브올의 아들 발람의 길을 따르는도다. 그는 불의의 삯을 사랑하였으나 자기의 죄악으로 인하여 책망을 받았으니 말 못하는 나귀가 사람의 음성으로 말하여 그 선지자의 미친 짓을 막았느니라』(15,16절).

거짓 선지자들과 교사들이 그렇게 되어 버린 까닭은 본질적으로 그들의 마음이 탐욕으로 단련되어 있기 때문이다(14절). 사실, 그런 자들이 돈과 섹스에 욕심을 낸다는 것은 이미 뉴스에 너무나도 많이 보도되어 믿지 않는 세상 사람들조차 알 수 있을 정도가 되었다. 종교에 별로 관심이 없는 사람이라고 해도 사이비 교주들로부터 기독교계의 거물들에 이르기까지 그런 범죄에 연루된 자들의 이름을 아마 몇 개는 댈 수 있을 것이다. 그들처럼 변질되기를 원치 않는다면 돈(육신의 정욕)과 섹스(안목의 정욕), 그리고 하나 더하자면 명예(생의 자랑) 이 셋(요일 2:15,16) 중 하나에라도 걸림이 되는 요소가 있는 사람은 결코 하나님의 사람이 될 수 없다는 사실을 명심해야 한다(마 6:24, 호 5:4, 눅 16:15).

그 탐욕의 노예들은 때로 사람들을 즐겁게 해주지만, 그럴 때에도 그들은 자신들의 속임수가 통한 것으로 인해 속으로 쾌재를 부르고 있을 뿐 다른 사람들의 즐거움에는 관심이 없다(13절). 그들에게는 영적인 갈급함을 채워 줄 능력이 있을 리가 만무하기에(17절, cf. 잠 25:14) 할 수 있는 것이라고는 "예수 믿으면 부자가 되고 어떤 병이라도 치유됩니다." 따위의 유치한 거짓부렁이나, 헛된 말로 자랑하는 일 뿐이다(18절). 선악을 분별할 줄 아는 성숙한 그리스도인들은(히 5:14) 그런 자들에게 속지 않지만, 견고하지 못한 혼들은 그들의 미혹에 걸려들어 패가망신하고 정복당해 마귀의 종이자 그 거짓 선지자들과 교사들의 종으로 전락해 버리는 경우가 부지기수다(19절).

사정이 이렇기에 일단 주 예수 그리스도를 구주로 믿고 구원을 받았다면 정신을 차리고 깨어 있지 않으면 안 된다(벧전 5:8). 주님께서는 그분을 들먹이는 어떤 이가 거짓 선지자나 교사인지, 아니면 참된 하나님의 사람인지 판단하는 방법은 열매를 보는 것이라고 말씀하셨다(마 7:15-20). 결코 그들의 "말"을 판단 기준으로 삼아서는 안 된다. 거짓 선지자나 교사들도 말로는 "자유"를 약속하면서 넓고 푸른 초장에서 양들이 마음껏 뛰놀도록 방목할 것처럼 행세하기 때문이다. 실제로는 양들에게 종의 멍에를 씌우고 자신이 만든 틀 안에 반강제로 가두어 털과 젖을 생산하는 기계로 전락시켜 버리지만 말이다.

예컨대 이런 질문들은 던져 보아야 한다. 과연 그를 통해 나가는 것은 진리, 즉 하나님의 말씀 그 자체인가(요 17:17) 아니면 그저 자기 생각에 불과한가?(렘 23:31,32, 겔 13:6,7) 그것을 통해 형식주의적이고 율법적인 행실들이 타파되는가 아니면 오히려 늘어나는가?(요 8:31,32) 과연 그의 말을 들은 사람들은 타인의 시선이나 자신에게 닥칠 안 좋은 일이 두려워서 반강제적으로 종교행위를 하는 것이 아니라, 주 예수 그리스도를 통해 구속받은 성도로서의 자유를 향유하며 주님의 일을 수행하는가?(히 2:14,15, 롬 6:6,7, 고전 9:19, 갈 5:13) 이런 질문들에 자신 있게 답할 수 없다면, 그곳에서 벌어지고 있는 일은 하나님의 사역이 아니라 사탄의 사역이라는 점을 깨닫고(고후 11:13-15), 속히 그 기만하는 일꾼에게서 떠나야 한다!(롬 16:17,18)

본문 말씀은 불의의 삯을 사랑하는 거짓 교사들을 두고 "발라암의 길"을 따른다는 특별한 표현을 사용하신다. 성경은 이와 유사한 표현으로 "발라암의 잘못"(유 1:11)과 "발라암의 교리"(계 2:14)를 말씀하시는데, 각각에는 발라암이 행했던 일에서 서로 다른 면이 강조되어 반면교사로 제시되어 있다.

먼저 발라암의 길(way)이란 본문에 있는 대로 불의의 삯을 사랑하여 바른 길을 저버리는 일이다. 발라암은 모압 왕 발락의 요청사항이었던 이스라엘을 저주하는 일이란 하나님께서 허락지 않으신 일이었음을 알았지만, 그들의 요구를 들어주면 손에 넣을 수 있는 돈이 눈에 아른거렸다. 하나님께서는 그를 시험해보실 요량으로 사람들이 너를 부르러 오면 그들과 함께 가라고 말씀하셨지만, 그는 사람들이 오기도 전에 아침 일찍 일어나 길을 떠났다. 돈에 환장한 그런 발라암의 모습은 하나님의 진노를 사기에 충분했다(민 22:22).

발라암의 잘못(error)이란 그가 범했던 논리적 오류를 말하는데, 이는 하나

님께서 공의로우시려면 어쩔 수 없이 이스라엘에게도 통상적인 죄와 심판의 법칙을 적용하셔야 할 것이라는 그의 이론을 말한다. 발라암은 이 이론에 입각하여 이스라엘을 직접적으로 저주할 수 없는 난국을 타개할 계략을 냈는데, 바로 바알프올이라는 관능적인 우상 숭배 축제를 덫으로 놓자는 것이었다. 실제로 하나님께서는 거기에 넘어간 이스라엘을 치실 수밖에 없었다(민 31:16). 그러나 그가 간과한 것은 이스라엘이 하나님 앞에 속죄할 수 있다는 것이었다(민 25:11-13). 이스라엘은 심판받았을지언정 소멸하지는 않았고, 결국 발라암은 그들의 칼에 최후를 맞았다(민 31:8). 발라암은 자신의 의로움을 잃지 않으시면서도 죄인들을 의롭다 하실 수 있는(cf. 롬 3:26) 하나님의 대속에 대한 무지로 인해 오류를 범했던 것이다.

마지막으로 <u>발라암의 교리(doctrine)</u>란 하나님의 백성으로 하여금 성별을 잃고 죄를 짓도록 유도하여 자기 목적을 이루려고 드는 것이다. 돈에 눈이 먼 발라암이 자신의 기막힌 계략을 발락에게 가르쳐 줬던 것처럼 말이다. 이는 오늘날 교회들이 구원받지 못한 죄인들에게 친화적인 공간이 되는 현상과 일맥상통한다. 릭 워렌이 "구도자 예배"를 주창한 이후로 예배당 안에서 세상 사람들도 좋아할 만한 노래가 흘러나오고, 그들도 불편해하지 않을 법한 설교가 울려 퍼지는 일은 이제 그리 이상한 일도 아니게 되었다. 교회에 사람들이 오게 할 수만 있다면 그 정도는 얼마든지 양보할 수 있다는 것이다. 발라암의 교리가 언급되는 배경인 퍼가모 교회 시대 때 행해졌던 일도 정확히 이와 같았다. 그 결과 진리의 빛이 꺼져 버리고 십자군과 흑사병이 전 세계를 휩쓸었던 암흑시대가 도래했다는 것을 우리는 기억해야 한다. 하나님께서 무수한 영적 음행을 통해 "숱한 결혼"(퍼가모)을 일삼은 그 교회를 향해 "이혼 증서"(마 19:7; βιβλίον ἀποστασίου), 곧 변개된 성경(라틴 벌게이트)을 선사하셨기 때문이었다. 타협안에 속지 말라. 하나님을 배반하지 않으면서 세상과도 친구가 될 수 있는 방법은 존재하지 않는다(약 4:4).

구주를 알기 전보다 악화된 결말(20-22절)

『그러나 참된 잠언대로 그들에게 이루어진 것이니 "개는 그 자신이 토해 낸 것으로 다시 돌아가고 또 돼지는 씻고 나서 그녀의 진창 속에서 뒹군다." 하였도다』(22절).

본문의 말씀에서 개와 돼지에 비유되는 "그들"이란 당연히 베드로후서 2장에서 계속해서 언급하는 바로 그 사람들, 거짓 선지자들과 교사들이다. 이 말씀을 다른 성경 구절들과 비교하여 좀 더 면밀하게 뜯어보면 거짓 선지자는 수컷 개에, 거짓 교사는 암컷 돼지에 각각 대응된다는 사실을 알 수 있다.

마태복음 7:6에서 주님께서는 공교롭게도 본문처럼 개와 돼지를 언급하셨다. 『**거룩한 것을 개들에게 주지 말고, 너희의 진주를 돼지들 앞에 던지지 말라. 그들이 그것들을 발로 밟고, 다시 돌아서서 너희를 찢을까 함이라.**』 그로부터 몇 절이 지나지 않아 개과 동물인 이리가 거짓 선지자를 말씀하시는 맥락에서 등장하는데(마 7:15), 우리는 이로써 베드로후서의 본문에서 말씀하시는 개가 거짓 선지자임을 깨달을 수 있다. 자연스럽게 돼지는 남아 있는 거짓 교사들에게 돌아간다.

예로부터 개는 천하고 경멸적인 동물로서 언급되곤 했다(출 11:7, 삼상 24:14, 삼하 9:8). 개는 시체를 뜯어먹는 동물이요(출 22:31, 왕상 22:38, 왕하 9:36) "이방인의 죄인들"을(갈 2:15) 상징하는 동물로(시 59:5,6, 마 15:26,27), 그것을 팔아 번 돈까지도 가증하게 여겨졌다(신 23:18). 요컨대 개란 거룩함과는 거리가 먼 동물이다. 따라서 우리 성도들로

서는 개처럼 되어서도 안 되고, 불못에 가기에나 합당한 그 "개들"을(계 22:15) 가까이해서도 안 된다. 자신의 토사물로 돌아가는 더러운 개들처럼 이방인들의 뜻을 행했던 지난날의 더러움으로 돌아가서는 안 되며(벧전 4:3), 경계심 없이 개들에게 가까이 다가갔다가 유린당하지 않도록 주의해야 한다는 것이다(행 20:29, 빌 3:2).

돼지 또한 불결한 짐승으로 언급되기는 매한가지다(레 11:7, 신 14:8, 사 65:4; 66:3,17). 성경은 그 이유를 돼지가 되새김질을 하지 못하는 데서 찾는다. 성도는 양무리에 속한 양으로서(시 23편, 겔 34장, 벧전 5:2,3) 목자이신 주님께서 먹이신 말씀을 계속하여 되새기며 그것으로부터 살아갈 에너지를 얻어야 하는데(마 4:4), 돼지는 그런 일과는 거리가 먼 동물이기에 불결한 짐승으로 취급받았던 것이다. 돼지는 비단 성경에서뿐 아니라 일반적 인식 속에서도 더러운 동물로 취급되는데, 땀샘이 없는 탓에 씻겨 놓아도 체온을 조절하려는 목적으로 금세 배설물을 몸에 묻히거나 진창에서 뒹굴기 때문이다. 이는 자신이 옛 죄들로부터 깨끗해졌다는 사실을 잊고 다시금 게으르고 질펀한 생활로 돌아가는 자들의 모습을 연상케 한다(벧후 1:9). 성도는 그런 돼지들과 함께하며 돼지처럼 되었을 때 최악의 비참함을 경험하게 된다(눅 15:15,16). 그런 처지로 전락했다면 꾸물거리지 말고 어서 빠져 나오라. 더 나빠질 것도 없으니 "밑져야 본전" 아니겠는가?(눅 15:17-24)

거짓 선지자들과 교사들도 처음에는 구주 예수 그리스도를 아는 지식을 통해 세상의 오염에서 피했던 자들이라고 성경은 말씀하신다(20절). 그러나 그들에게 전수된 거룩한 계명을 저버린 까닭에(21절) 심지어 아무것도 몰랐던 때보다 그 결과가 악화되었던 것이다. 누구라도 하나님의 아들 예수 그리스도의 이름을 믿고 그분께서 우리에게 주신 계명대로 서로 사랑하라는 계명을(요일

3:23) 저버린다면 구원받기 전보다도 못한 상태에 이를 수 있다. 물론 현 교회 시대에는 구원받은 사람은 혼의 운명이라는 관점에서 볼 때 결코 구원받기 전보다 악화될 수 없는 것이 사실이다(롬 8:33-39). 그러나 삶이라는 관점에서는 얼마든지 그럴 수 있다.

가령 구원받기 전에는 하나님과 예수 그리스도를 알지 못했기에 부인할 수도 없었겠지만, 구원받은 이후에는 마음먹기에 따라 수없이 부인할 수 있다(1절). 구원받기 전에는 무슨 일을 저지르더라도 하나님의 명예를 더럽히지 않았겠지만, 구원받은 후에 세상 사람들로부터 지탄받을 만한 일을 저지르면 하나님께 그 모독이 돌아간다(롬 2:17-24). 심지어 그리스도인으로 자처하면서도 행하는 죄들과 잘못들로 인해 구원받지 못한 죄인들을 지옥으로 쓸어 넣을 수도 있고, 다른 그리스도인들을 실족시킬 수도 있다. 따라서 구원받았다면 그저 그 상태에 머물러 있을 것이 아니라, 상태가 악화되지 않도록 늘 주의를 기울여야 하는 것이다.

지금도 거짓 선지자들과 교사들이 활동하고 있지만, 대환란 때에는 그들의 활동이 더욱 본격적으로 행해질 것이라는 사실을 성경은 말씀하신다(마 24:11,24, 계 16:13,14). 그때에는 분별력의 부재가 곧 구원의 상실로 이어진다. 속으면 불못에 간다는 말이다! 장차 올 대환란 때에 거짓 선지자들과 교사들, 그리고 그들에게 귀를 내어준 사람들이 다함께 그 삶뿐만 아니라 혼까지도 파멸할 것이라는 점을 생각해보면, 현 교회 시대에 영원히 보장되는 구원을 받았다는 것이 얼마나 다행스럽고 감사하게 느껴지는지 모른다. 이처럼 견고한 피난처에 있는 우리로서는 한 사람이라도 더, 대환란이 오기 전에 한 사람이라도 더 이 안전한 곳으로 혼들을 이겨올 수 있도록 힘써야 할 것이다.

제4과
복습문제

1. 거짓 선지자들과 교사들은 말씀을 입에 담는 법이 없다. (O , X)

2. 정치적, 문화적 운동은 때로 그 성격이 기존 체제와 질서를 뒤엎는 것일 수 있으나, 그러한 일을 하나님을 대적하는 행위로 치부하는 것은 지나친 억지이다. (O , X)

3. 『그들이 바른 길을 버리고 빗나가서 브올의 아들 (　　　　　　　　)을 따르는도다. 그는 불의의 삯을 사랑하였으나』(벧후 2:15).

4. 베드로후서 2장에서 개는 (　　　　　　　　)를, 돼지는 (　　　　　　　　)를 나타내는 동물로 제시된다.

5. 『의의 길을 알고 난 뒤에 그들에게 전수된 거룩한 계명을 저버리는 것보다는 알지 못했던 편이 더 나았으리라.』(벧후 2:21)라는 말씀은 현 교회 시대에 구원을 상실할 수 있는 가능성에 대해 언급하시는 것이다. (O , X)

■ 새롭게 깨달았거나 적용할 내용이 있다면 적어 보세요. ■

NOTES

제5과
진화론자들에 대한 책망과 베드로의 마지막 권면(3장)

『그러므로 사랑하는 자들아, 너희가 이런 것을 기다리고 있으니 점 없고 흠 없이 평강 가운데서 그분께 발견되도록 힘쓰라』 (벧후 3:14).

그리스도인은 어떤 모습으로 발견되어야 하는가?

그리스도인들은 어떤 모습으로 발견되어야 하는가? 사도 바울은 **『그러므로 사람들이 우리를 그리스도의 일꾼이며 하나님의 신비들을 맡은 청지기로 여기게 하라. 청지기에게 요청되는 것은 무엇보다도 신실한 사람으로 발견되는 것이라.』**(고전 4:1,2)라고 권면했다. 먼저 우리는 사람들로 하여금 우리를 **『그리스도의 일꾼』**이며 **『하나님의 신비들을 맡은 청지기』**로 여기게 해야 하고, 또한 "**신실한 청지기**"로 발견되어야 한다. 사람들에게나 그리스도의 심판석 앞에서나 신실한 사람으로 발견되어야 하는 것이다.

사도 베드로는 **『그러므로 사랑하는 자들아, 너희가 이런 것을 기다리고 있으니 점 없고 흠 없이 평강 가운데서 그분께 발견되도록 힘쓰라.』**(벧후 3:14)라고 권면한다. 점 없고 흠 없다는 것은 물이 오염되지 않아 순수하고 투명한 것과 같다. 죄를 짓지 않고 위선적이지 않다는 것이다. 이러한 성도만이 하나님께서 주시는 평강 가운데 신실한 삶을 살다가 예수 그리스도 앞에 설 수 있는 것이다.

■ 새롭게 깨달았거나 적용할 내용이 있다면 적어 보세요. ■

순수한 생각

『사랑하는 자들아, 이제 내가 이 두 번째 편지를 너희에게 쓰는 것은 이 편지들로 말미암아 너희로 기억나게 하여 너희의 순수한 생각을 일깨워 주려 함이니 그리하여 거룩한 선지자들이 미리 전한 말씀들과 주 곧 구주의 사도들인 우리에게 주신 계명을 생각나게 하려는 것이라』(1,2절).

사도 베드로는 베드로전서에 이어 베드로후서를 기록하게 된 이유를 밝힌다. 그것은 『**하나님 곧 우리 구주 예수 그리스도의 의로 말미암아 우리와 함께 동일하게 보배로운 믿음을 받은 사람들**』(1:1)의 『**순수한 생각**』을 일깨워 주고자 함이었다. 『**순수한 생각**』은 사람의 말이나 사람의 행동에서 비롯되는 게 아니다. "순수"하다는 것은 사람의 생각이나 사람의 가르침이나 사람의 행동으로 조금도 오염되지 않은 것을 말한다. "순수함"은 하나님의 말씀이 하나님의 말씀 그대로일 때 유지된다. "순수함"은 주 예수 그리스도에 대한 모든 말씀들이 사실 그대로 기록된 그대로 언급되고 가르쳐질 때 유지된다.

『**거룩한 선지자들이 미리 전한 말씀들**』이란 "선지자들의 말"이 아니라 선지자들이 전해 준 "하나님의 말씀들," 즉 "성경"이다. 이것은 사람의 생각이나 사람의 의견이나 사람의 뜻에서 나온 말이 아니라 거룩한 선지자들이 성령으로 감동을 받아 말한 하나님의 말씀들이다. 『**예언은 예전에 사람의 뜻에서 나온 것이 아니요 오직 하나님의 거룩한 사람들이 성령으로 감동을 받아 말한 것이니라**』(1:21). 하나님의 영감으로 주어진 모든 성경(딤후 3:16)이 바로 이 『**말씀들**』이다. 하나님의 말씀들은 우리의 실제적인 삶에 적용하고 실행하라고 말씀하신 것이고 기록되게 하셨으며 우리에게 전해 주신 것이다.

진화론자들의 조롱

『먼저 알 것은 이것이니 마지막 날들에 조롱하는 자들이 와서 그들의 정욕대로 행하며, 말하기를 "그가 온다는 약속이 어디 있느냐? 조상들이 잠든 이래로 만물은 창조의 시작부터 그대로 있다." 하리니』(3,4절).

1. 조롱하는 진화론자들

『**마지막 날들**』이란 기본적으로 "**대환란**" 때를 가리킨다. 그러나 영적으로 적용해 볼 때, 교회 시대가 마감되고 주 예수 그리스도의 재림이 절박하게 가까워진 지금 이때도 "마지막 날들"이라 불리기에 매우 적절하기 때문에 이 말씀이 이 시대에도 영적으로 많은 조명을 준다. 베드로의 경고대로 이 시대에 『**조롱하는 자들**』이 얼마나 많은지 우리는 알고 있다. 예수 그리스도를 조롱하고, 성경을 조롱하고, 성경에 기록된 예언의 말씀들을 조롱하고, 성경대로 믿는 사람들을 조롱하는 많은 사람들이 있다. 하물며 하나님을 믿는다는 사람들조차도 바른 성경과 바른 구원론과 바른 교리들을 배격하며 조롱한다.

조롱하는 진화론자들은 이 마지막 날들에 막강한 위력을 발휘하고 있다. 1940년대에는 우주 과학의 발전이 가속화되기 시작하면서 우주의 기원을 다루는 "빅뱅 이론"이 나왔는데, 1859년에 다윈이 출판한 〈종의 기원〉 이래로 널리 퍼지기 시작한 다윈의 "진화론"에 이 "빅뱅 이론"이 더해져 진화론자들이 위세를 떨치기 시작했다. 그때 많은 그리스도인 과학자들이 "빅뱅 이론"과 "진화론"이 과학적 사실인 것으로 오해하여 성경의 진리들을 "과학 지식"의 토대 위에서 재해석하려고 노력하였다. 그래서 그들이 생각해 낸 "대안"이 바로 "빅뱅 창조론"이라는 것이었다.

빅뱅 창조론에 따르면, 하나님께서 이 우주를 창조하실 때, 성경에서처럼 창조하신 것이 아니라, 빅뱅과 진화를 통해 창조하셨다는 것이다. 빅뱅 창조론자들은 은하, 태양계, 지구가 말씀에 의해 즉시 창조된 것이 아니라, 기체 구름이 서서히 뭉쳐서 덩어리가 되어 형성된 것이며, 다시 수십억 년이 지난 후 바닷물에서 살아 있는 세포가 생겼고, 그 세포가 서서히 진화하여 좀 더 복잡한 생명체가 되었다고 주장한다. 이러한 과정이 반복되면서 어류, 양서류, 파충류, 포유류가 존재하게 되었으며, 수백만 년이 지난 후 아담과 이브가 나타나는데, 바로 이것이 "빅뱅 창조론"이다.

<u>"빅뱅 창조론"이라는 명칭은 "점진적 창조론," "날-시대 창조론", "진화적 창조론," "유신진화론" 등으로 바뀌어 불려 왔는데, "진화론"을 "그대로" 수용하면서 그 "진화"를 일으킨 존재가 "하나님"이라는 식의 타협을 한 것에 불과하다</u>. "점진적 창조론"은 하나님께서 창조하실 때 성경처럼 며칠 만에 창조한 것이 아니고 긴 시간 동안 "진화론"에서 설명하는 방식으로 조금씩 창조하셨다는 이론이고, "날-시대 창조론"은 "점진적 창조론"의 기초 위에 성경의 창조 주간 각각의 "날"들이 하나님께서 창조의 단계를 정하여 구분하신 "시대"를 의미한다는 이론으로 "점진적 창조론"의 타협을 더 정교하게 한 것이다. "진화적 창조론"과 "유신진화론"은 아예 진화론을 받아들여서 하나님께서 "진화"라는 방법으로 창조하셨다고 주장하거나, 창조하실 때 이미 이후에 진화하도록 진화의 속성을 부여하셨다고 주장하는 것이다.

2. 정욕대로 행하는 자들

『**정욕**』이란 쉽게 말해서 "<u>**세속적인 탐욕**</u>"을 말한다. 정욕대로 행하는 자들은 돈이 안 되는 일에는 조금도 관심이 없다. 그들은 구원받지 못한 죄인들의 혼에도 관심이 없고, 지옥에도 관심이 없으며, 예수 그리스도의 재림에도 관심이 없다. 그들은 교회 건물과 출석 교인 숫자와 자신이 벌 돈에만 관심이 있을 뿐이다. 그들은 돈이 되는 일에만 흥미를 갖는다. 성경은 『**돈을 사랑하는 것이 모든 악의 뿌리**』(딤전 6:10)라고 경고하셨으며, 『**이런 자들에게서 돌아서라.**』(딤후 3:5)라고 명령하셨다.

자신들의 정욕대로 행하는 자들이 성경을 조롱하는 데 흔히 써먹는 게 바로 『**그가 온다는 약속이 어디 있느냐?**』라는 말이다. 예수 그리스도의 재림을 부인하는 것이다. 구원받지 못한 사람들은 당연히 예수 그리스도의 재림을 거부한다. 그들이 원하지 않는 일들이 실제로 일어날까 봐 두려워하기 때문이다. 그런데 『**정욕대로**』 행하는 교회 목사들이 성경에 나와 있는 많은 증거들을 고의로 잊으며 『**그가 온다는 약속이 어디 있느냐?**』라고 거짓말하니 거기로 몰려가는 것이다. "**그리스도인들이 세상을 변화시켜 이 땅에 하나님의 나라를 온전히 가져 오면 그때 예수님께서 오셔서 통치하실 것입니다.**"**와 같이 교묘한 말로 재림을 부인하는 것이 정욕대로 행하는 자들의 특징임을 잊지 말라.**

성경적 재창조 이론

『이는 그들이 이것을 고의로 잊으려 함이라. 즉 하나님의 말씀에 의해 하늘들이 옛적부터 있었다는 것과, 땅도 물에서 나왔고 물 안에 있었다는 것이니 이로써 이전에 있던 세상은 물이 범람해서 멸망하였느니라. 그러나 현재 있는 하늘들과 땅은 그 동일한 말씀으로 보존되어 있으되 경건치 아니한 자들의 심판과 멸망의 날에 불사르려고 간수되어진 것이니라』(5-7절).

이 구절은 창세기 1장의 상황에 대한 언급이다. 창세기 6장의 상황에 대한 언급이 아니라는 사실에 유의해야 한다. 여기서의 『물』은 노아의 홍수가 아니라 창세기 1:2에서 언급되는 『깊음』을 말한다. **『땅은 형체가 없고 공허하며 어두움이 깊음의 표면에 있으며 하나님의 영은 물들의 표면에서 거니시더라.』** 창세기 1:1에서 최초로 창조되었던 원래의 지구는 창세기 1:2의 대재앙 때에 『깊음』 속에 잠겼다가 창세기 1:3 이후에 그 『물』에서 다시 나온 것이다.

『이로써 이전에 있던 세상은 물이 범람해서 멸망하였느니라.』 이 **『범람』**도 창세기 1:2의 사건을 말한다. 창세기 6장의 홍수 때에는 "하늘들"은 아무런 변화가 없었다. 땅에서만 홍수가 있었고 땅에서만 변화가 있었으므로 **『이전에 있던 세상은 물이 범람해서 멸망』**했다는 표현이 적용되지 않는다. 이 구절에서 **『멸망하였느니라.』**라고 언급하는 것은 창세기 1:1에서 창조되었던 원래의 **『이전에 있던 세상』**이 그 이후 어떤 대재앙으로 말미암아 멸망하였음을 말하는 것이다. 따라서 현재의 지구 환경이나 지상의 생물들은 창세기 1:1의 "최초의 창조"가 아니라 창세기 1:3 이후의 "재창조"에 의하여 이루어진 것이다.

말씀으로 보존되고 있는 『현재 있는 하늘들과 땅』

『현재 있는 하늘들과 땅』(3:7)은 『심판과 멸망의 날』에 불사르려고 하나님께서 간수하고 계신 것이다(계 20:11). 그리고 현재의 하늘들과 땅이 하늘과 땅을 창조하셨던 **『그 동일한 말씀』**으로 보존되고 있다고 말씀하신다. **『믿음으로 우리는 세상들이 하나님의 말씀으로 지어진 것을 깨닫나니 보이는 것들은 나타나는 것들로 된 것이 아니니라』**(히 11:3). 세상은 눈에 보이지만, 그 세상을 만든 것은 눈에 나타나는 것들로 된 것이 아니라 하나님의 **『말씀』**으로 된 것이다.

성경적 7천 년 체계

『사랑하는 자들아, 주께는 하루가 천 년 같고 천 년이 하루 같은 이 한 가지를 잊지 말라』(8절).

하나님께서는 창세기 1장에서 엿새 동안 창조 사역을 진행하신 후, 일곱째 날에 안식하셨다. 이것은 일곱 번째 천 년인 왕국 시대 천년 기간에 주님께서 안식하실 것을 예표한다. 이것은 창세기 1:2에서의 하나님의 재창조 이후 구약 시대 4천 년과 신약 시대 2천 년, 즉 6천 년이 지난 현 시점이 안식의 "일곱째 날"에 들어서는 문 앞에 와 있다는 사실을 알려 주기 때문에 이 시기를 사는 우리에게 매우 중요한 사실이다. 천 년 동안의 "일곱째 날"이 끝나면, "여덟째 날"이 시작된다. 이 날은 백보좌 심판이 끝나고 영원 시대가 열리는 날이다. 베드로가 『**주께는 하루가 천 년 같고 천 년이 하루 같은 이 한 가지를 잊지 말라.**』라고 역설하고 있는 까닭은 바로 이 사실을 우리에게 일깨워 주기 위함이다.

하나님의 오래 참으심

『주의 약속은 어떤 사람들이 더디다고 생각하는 것같이 더딘 것이 아니라 오직 우리에 대하여 오래 참으시어 아무도 멸망하지 않고 다 회개에 이르게 하려 하심이라』(9절).

『**주의 약속**』은 특히 13절의 『**의가 거하는 새 하늘들과 새 땅**』에 관한 약속을 말한다. 새 하늘들과 새 땅이 펼쳐지기 위해서는 먼저 예수 그리스도의 재림과 천년왕국의 도래가 있어야 한다. 성경의 마지막 장을 끝내시면서 하신 약속도 바로 이것이었다. 『**반드시 내가 속히 오리라**』(계 22:20).

인류의 죄를 대속하신 예수 그리스도의 십자가의 의미를 알지 못했던 자들은 그 당시에도 『**그가 다른 사람들은 구원하였으나 자기 자신은 구원하지 못하는도다. 그가 이스라엘의 왕이면 지금 그 십자가에서 내려와 보라고 하라.**』(마 27:42)라고 조롱했다. 이 시대에도 십자가의 의미를 모르는 사람들은 2천 년 전과 동일하게 예수 그리스도와 그 십자가를 조롱한다. 그러나 하나님께서는 『**오래 참으시어**』 모든 사람이 멸망하지 않고 회개하고 구원에 이를 수 있는 기회를 지금 주고 계신다. 『**아무도 멸망하지 않고 다 회개에 이르게 하려 하심이라.**』 하나님께서는 『**아무도**』 멸망하는 것을 원치 않으시며, 모든 사람이 지옥으로부터 구원받기를 바라신다. 그러므로 우리도 예수 그리스도께서 받으신 그 "조롱"을 당연히 감수하며 담대히 복음을 전파해야 한다.

주의 날과 하나님의 날

『그러나 주의 날이 밤에 도둑같이 오리니 그 날에는 하늘들이 굉장한 소리를 내며 사라지고 우주의 구성 요소들이 맹렬한 불로 녹아내리며 땅과 그 안에 있는 일들이 타버릴 것이라. 그때 이 모든 것이 녹아 버리리니 너희가 모든 거룩한 행실과 경건에 있어 어떠한 사람들이 되어야겠느냐? 하나님의 날이 오기를 고대하고 열망하라. 그때는 하늘들이 불에 타서 녹아 버리고 우주의 구성 요소들도 맹렬한 불에 녹아내릴 것이나 우리는 그의 약속대로 의가 거하는 새 하늘들과 새 땅을 기다리도다』 (10-13절).

1. 주의 날

『주의 날』은 대환란에서 백보좌 심판까지 이어지는 기간을 의미한다. 반면 **『그리스도의 날』**(살후 2:2-4)은 휴거부터 지상 재림까지 이르는 기간이다. 구원받은 그리스도인들에게 있어 **『주의 날』**은 그리스도의 공중 재림과 함께 "휴거"로 시작되고 구원받지 못한 죄인들에게 있어서는 그리스도의 공중 재림과 함께 "대환란"으로 시작된다. 데살로니가전서 5:2에서 **『주의 날이 밤에 도둑같이 오리라는 것』**을 말씀하신 것은 "휴거"를 의미한 것이고, 여기서 **『주의 날이 밤에 도둑같이 오리니』**라고 말씀하신 것은 천년왕국 시대의 종료와 함께 백보좌 심판이 있게 될 그날을 언급한 것이다.

백보좌 심판의 그날에는 **『하늘들이 굉장한 소리를 내며 사라지고 우주의 구성 요소들이 맹렬한 불로 녹아내리며 땅과 그 안에 있는 일들이 타버릴 것』**이다. 이것은 요한계시록 20장의 상황이다. 이것은 "전 우주적" 대사건이다. 그야말로 **『하늘들』**이 엄청난 굉음과 함께 사라지고 **『우주』**의 구성 요소들이 녹아 없어져 **『현재 있는 하늘들과 땅』**(7절)은 사라진다.

구약에서 발견되는 『주의 날』

재림을 상징하는 역사적 사건에도 "주의 날"이란 표현이 사용되며, 그 기간은 약 3,800년에 달한다.

① 북왕국 열 지파에 대한 앗시리아의 침입(사 10:5-16,20,21,24,27,32; 7:17,20, 암 5:18-20; 6:9,11,14)

② 느부캇넷살의 예루살렘 파괴(욜 1:6-15, 사 2:12,20; 3:7,16,25,26; 5:25-30, 미 3:1,2, 렘 17:18,19,27)

③ 그리스도의 동정녀 탄생과 초림(사 7:14-16; 61:1,2, 슥 9:9,10,14,16)

④ 그리스도의 천년왕국 통치(사 19:18-25; 24:21-23; 26:1-4, 호 2:18,19, 슥 13:1-6; 14:8-21)

⑤ 아마겟돈 전쟁(욜 2:1-11; 3:9-18, 미 5장, 사 25:7-11, 말 4:1-3, 슥 14:1-6, 겔 38:19)

⑥ 천년왕국 끝의 마지막 심판(벧후 3:10, 사 66:22-24, 단 7:9-11)

⑦ 메데-페르시아의 바빌론 파괴(사 13:6,9,17,19)

2. 하나님의 날

『**하나님의 날**』은 이 지구가 불로 타 버리고 새 하늘과 새 땅으로 만들어지는 날을 말한다. 이 날은 천년왕국이 끝나고 영원으로 이어지는 때이다(계 21:1-5). 이 날은 베드로후서에서만 단 한 번 사용되는데, 『**주의 날**』과 연결되어 설명된다. 그러나 10절에 나오는 『**주의 날**』이 "우주가 소멸되는 것"으로 설명이 되는 반면, 12절의 『**하나님의 날**』은 우주가 소멸되는 것으로부터 시작되는 새로운 날을 제시하신다. 『**그때는 하늘들이 불에 타서 녹아 버리고 우주의 구성 요소들도 맹렬한 불에 녹아내릴 것이나 우리는 그의 약속대로 의가 거하는 새 하늘들과 새 땅을 기다리도다.**』

3. 새 하늘과 새 땅

성경은 『**새 하늘과 새 땅**』이 펼쳐지고 『**거룩한 도성 새 예루살렘**』이 하나님께로부터 하늘에서 내려온다고 말씀하신다. 『**또 내가 새 하늘과 새 땅을 보니,**

처음 하늘과 처음 땅은 사라지고, 바다도 더 이상 있지 아니하더라. 나 요한은 거룩한 도성 새 예루살렘이 하나님께로부터 하늘에서 내려오는 것을 보았는데 마치 신부가 자기 남편을 위하여 단장한 것같이 예비되었더라』(계 21:1,2). 그리스도의 몸이요, 신부인 "교회"가 영원 시대에서 살게 될 곳은 이 『**새 예루살렘**』이다. 이 새 예루살렘은 지금 지상의 예루살렘과는 전혀 다르다. 새 예루살렘은 지금 저 위 하나님께 있다. 이것이 장차 하늘로부터 내려오게 되는 것이다. 그리스도인들은 그곳에서 영원히 거하게 될 것이다.

평강 가운데 발견되어야 할 그리스도인

『그러므로 사랑하는 자들아, 너희가 이런 것을 기다리고 있으니 점 없고 흠 없이 평강 가운데서 그분께 발견되도록 힘쓰라』(14절).

『**이런 것**』은 『**하나님의 날**』, 『**의가 거하는 새 하늘과 새 땅**』을 말한다. 베드로는 『**하나님의 날**』을 고대하라고 했고, 『**의가 거하는 새 하늘과 새 땅**』을 기다린다고 했다. 구체적으로 우리 그리스도인들은 그 『**새 하늘**』로부터 내려올 『**거룩한 도성 새 예루살렘**』을 기다린다. 우리가 이렇게 의롭고 거룩한 것들을 기다리는 사람들이기에 세상 사람들처럼 『**정욕**』대로 살면서 『**이런 것**』을 기다릴 수는 없다. 그러나 인간은 그 누구도 자신의 힘으로 『**점 없고 흠 없이**』 될 수 있다고 감히 말할 수가 없다. 여기서 『**점 없고 흠 없이 평강 가운데서 그분께 발견되도록 힘쓰라.**』라는 말씀은 우리 스스로가 노력하여 깨끗해지라는 게 아니라 죄를 자백하고 갈보리 십자가에서 흘려 놓으신 그리스도의 보혈로 깨끗하게 되라는 의미이다.

우리가 그리스도의 심판석에서 모든 것을 설명해야 하는 날 『**점 없고 흠 없이**』 발견되지 못한다면, 우리는 수치를 당할 수밖에 없고, 상을 받을 수 없을 것이다. 그리스도의 심판석에서 받을 상이 없고 영원한 유업을 받을 수 없다는 것을 결코 가볍게 여길 일이 아니다. 수치와 손해가 "영원히" 지속되기 때문이다. **유업에 관한 진리를 알면서도 구원에만 머문다는 것은 하나님의 은혜를 모독하는 일이다**.

"**평강을 얻는 방법**"은 "**기도와 간구**"이다. 『**아무것도 염려하지 말고 다만 모든 일에 기도와 간구로 너희의 구하는 것들을 감사함으로 하나님께 알려지게 하라. 그리하면 모든 지각을 초월하시는 하나님의 평강이 그리스도 예수 안에서 너희의 마음과 생각을 지키시리라**』(빌 4:6,7).

견고한 입장에서 떨어지지 않도록 주의하라

『또 우리 주의 오래 참으심이 구원인 줄로 생각하라. 우리의 사랑하는 형제 바울도 그가 받은 지혜대로 너희에게 그렇게 썼고 그의 모든 편지에서도 이런 것에 관하여 말하고 있으나 그 가운데는 깨닫기 어려운 것이 더러 있어 무식한 자들과 견고하지 못한 자들이 다른 성경들처럼 억지로 풀다가 스스로 멸망에 이르느니라. 그러므로 사랑하는 자들아, 너희가 이런 것을 미리 알았으니 악한 자들의 미혹에 이끌려 자신의 견고한 입장에서 떨어지지 않도록 주의하라. 오직 은혜와, 우리 주 곧 구주 예수 그리스도를 아는 지식 안에서 자라가라. 영광이 이제와 영원토록 그에게 있을지어다. 아멘』(15-18절).

1. 하나님의 오래 참으심

하나님께서 오래 참고 기다리시는 이유는 모든 사람들이 구원받기를 원하시기 때문이다. 하나님께서는 『**아무도 멸망하지 않고 다 회개에 이르게**』(9절) 되기를 바라고 기다리신다. 이에 대해서 베드로는 『**바울도**』 편지에서 그렇게 썼다고 상기시킨다. 사도 바울은 『**하나님께서 그의 진노를 나타내시고 또 그의 능력을 알게 하시려고 멸하기에 합당한 진노의 그릇들을 심히 오래 참음으로 인내**』(롬 9:22)하신다고 말했다. 또 바울은 또 주님의 오래 참으심이 자신에게 어떤 자비로 작용했던가에 대해 이렇게 고백했다. 『**그리스도 예수께서 죄인들을 구원하시려고 세상에 오셨다는 이 말씀은 신실하며, 온전히 받아들이기에 합당하도다. 죄인들 중에서 내가 우두머리라. 그러나 내가 자비를 입은 것은 이 때문이니, 곧 먼저 내 안에서 예수 그리스도께서 온전한 오래 참으심을 보여 주셔서 후에 그를 믿고 영생을 얻는 자들에게 본이 되게 하려 하심이니라**』(딤전 1:15,16). <u>사도 바울처럼 먼저 믿은 사람들은 나중에 믿게 될 사람들의 본이 되기 위해 자신을 성장시켜야 한다</u>.

2. 무식한 자들과 견고하지 못한 자들

베드로가 베드로후서 3:3-15에서 언급한 내용들은 바울도 그의 『**모든 편지**』에서 언급한 내용들이다. 베드로는 바울의 서신들 중에는 『**깨닫기 어려운 것이 더러**』 있는데 『**무식한 자들**』과 『**견고하지 못한 자들**』이 마치 『**다른 성경들처럼**』 억지로 푼다고 말하고 있다. 여기서 『**무식한 자들**』이란 성경 공부를 하지 않아 하나님의 진리를 알지 못하는 사람들을 말하며, 『**견고하지 못한 자들**』이란 생각이나 태도가 안정되지 못한 사람들을 말한다. 이들은 성경을 통한 진리를 알지도 이해하지도 못하기 때문에 생각이나 태도가 확고할 수가 없다. 이들은 왜곡된 가르침과 사람들의 자의적인 견해에 따라 이리저리 휩쓸릴 뿐 견고한 위치에 서지 못한다.

베드로는 바울 서신들을 『**그의 모든 편지**』라고 말함으로써 바울 서신서 "전체"를 언급하고 있는데, 무식하고 견고하지 못한 자들이 바울 서신서들을 『**다른 성경들처럼**』 억지로 푼다고 언급함으로써 『**그의 모든 편지**』들이 『**성경**』임을 분명히 말하고 있다. 즉 베드로는 "무식한 자들과 견고하지 못한 자들이 구약과 사복음서를 비롯한 신약 성경들 같은 '다른 성경들'도 억지로 풀더니 바울이 서신으로 보낸 '성경들'까지 억지로 푼다."라고 말한 것이다. 성경을 해석하다 잘 모르겠으면 거기서 멈춰서 원래의 "견고한 위치"에 머물러 있어야 한다. "억지로" 해석하려다가 "견고한 위치"를 이탈하면 『**스스로 멸망에**』 이르기 때문이다.

3. 은혜와 지식

우리는 구원받아 지옥의 형벌로부터 면제되고 하나님의 자녀가 되었기에 이미 그분의 『**은혜**』 안에 들어와 있다. 우리의 죄를 제거하고 우리를 의롭게 하시기 위하여 자신의 아들을 값없이 내주신 것은 대단한 은혜였다. 더욱이 이러한 은혜는 영원토록 지속된다. 그러므로 우리는 그 은혜 가운데서 『**그리스도의 충만하심의 장성한 분량**』(엡 4:13)에 이르기 위해 "성장"해야 한다. 영적 성장을 위해서는 영적 지식이 필요하다. 그러므로 성장하려는 그리스도인에게 있어서 공부는 필수적인 일이다. 『**네가 진리의 말씀을 올바로 나누어 자신이 하나님 앞에 부끄럽지 않은 일꾼으로 인정받도록 공부하라**』(딤후 2:15). 잘못된 성경 지식으로 인해 구원받지 못하거나 성장하지 못하는 사람들을 고려할 때, 우리가 『**예수 그리스도를 아는 지식**』 안에서 자라갈 수 있는 것 자체가 하나님의 은혜이다. 하나님께서는 『**내 백성이 지식의 부족으로 멸망하는도다**』(호

4:6)라고 말씀하셨다. 베드로후서에는 『지식』이라는 단어가 일곱 번 나온다. 베드로의 "<u>백조의 노래</u>"인 이 짧은 서신에서 베드로가 일곱 번이나 『지식』을 언급한 점은 그리스도인으로서 진지하게 숙고해 보아야 할 사항이다.

베드로의 "백조의 노래"

피터 럭크만 박사는 베드로후서에 대한 다음과 같이 말했다. "베드로가 죽음을 눈앞에 둔 시점에서 쓴 편지임에도 불구하고, 그 한 구절 한 구절에 오히려 활기가 넘치고 기쁨으로 가득 차 있다든지, 마지막 시대에 있게 될 거짓 교사들로 인하여 배교로 물든 암울한 시대 상황을 내다보고 이에 대해 강력하게 경고하고 있기는 하지만, 그 어디에서도 낙담과 절망은 찾아볼 수 없다든지 하는 점이 이 서신서의 특색이라면 특색인데, 이런 점에서 바울이 죽음을 앞두고 쓴 디모데후서와 대단히 유사하다고 하겠다. 초대 교회 시대에 혼신을 다하여 복음전파 사역에 열정을 쏟았던 위대한 사도들이 자신들의 죽음을 정작 눈앞에 두고서도 이처럼 기쁨과 소망 가운데서 활기찬 서신들을 써 보낼 수 있었다는 사실은 시대의 마지막 기간을 살아가는 모든 그리스도인들에게 시사하는 바가 자못 크다고 하지 않을 수 없다."

▪ 새롭게 깨달았거나 적용할 내용이 있다면 적어 보세요. ▪

제5과
복습문제

1. 『이로써 이전에 있던 (　　　　　　)은 물이 범람해서 멸망하였느니라. 그러나 현재 있는 (　　　　　　　　　　)은 그 동일한 말씀으로 보존되어 있으되 경건치 아니한 자들의 심판과 멸망의 날에 불사르려고 간수되어진 것이니라』(벧후 3:6,7).

2. 『그러나 (　　　　　　　　　)이 밤에 도둑같이 오리니 그 날에는 하늘들이 굉장한 소리를 내며 사라지고 우주의 구성 요소들이 맹렬한 불로 녹아내리며 땅과 그 안에 있는 일들이 타버릴 것이라. 그때 이 모든 것이 녹아 버리리니 너희가 모든 거룩한 행실과 경건에 있어 어떠한 사람들이 되어야겠느냐? (　　　　　　　　　　)이 오기를 고대하고 열망하라. 그때는 하늘들이 불에 타서 녹아 버리고 우주의 구성 요소들도 맹렬한 불에 녹아내릴 것이나 우리는 그의 약속대로 의가 거하는 (　　　　　　　　　　　　)을 기다리도다』(벧후 3:10-13).

3. 『그의 모든 편지에서도 이런 것에 관하여 말하고 있으나 그 가운데는 깨닫기 어려운 것이 더러 있어 무식한 자들과 (　　　　　　)하지 못한 자들이 다른 성경들처럼 억지로 풀다가 스스로 멸망에 이르느니라. 그러므로 사랑하는 자들아, 너희가 이런 것을 미리 알았으니 악한 자들의 미혹에 이끌려 자신의 (　　　　　　)한 입장에서 떨어지지 않도록 주의하라』(벧후 3:16,17).

NOTES

복습 문제 정답

제1과

1. 지식
2. 현재
3. 하나님의 본성
4. 경건
5. 실족

제2과

1. 능력, 오심
2. 재림
3. 죽음
4. 장막절
5. 샛별

제3과

1. 교사
2. 천사
3. 노아
4. 본
5. 경건

제4과

1. X
2. X
3. 발라암의 길
4. 거짓 선지자, 거짓 교사
5. X

제5과

1. 세상, 하늘들과 땅
2. 주의 날, 하나님의 날, 새 하늘들과 새 땅
3. 견고, 견고

< 추 천 도 서 >

베드로전후서

피터 S. 럭크만 지음 / 452쪽

20,000원(eBook 14,000원)

환란과 재림을 다룸에 있어서 다소 난해하다고 여겨졌던 교리들이 럭크만 박사의 명석한 해석으로 명확하게 풀린다.

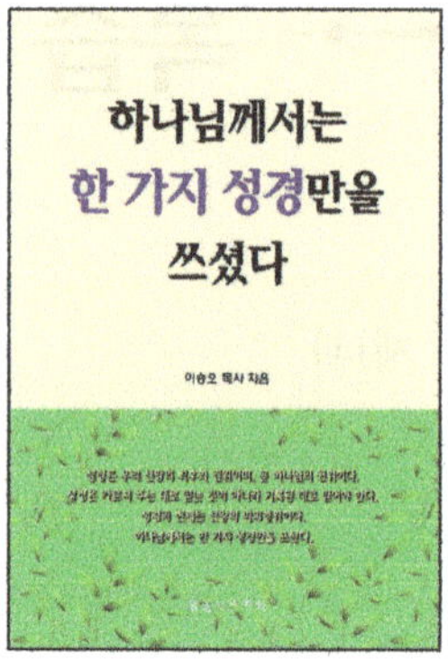

하나님께서는 한 가지 성경만을 쓰셨다.

이송오 지음 / 288쪽

8,000원(eBook 5,600원)

하나님께서는 자신의 말씀을 섭리적으로 보존하심을 설명한다.

과학으로 본 진화론의 허구

밴스 페럴 지음 / 688쪽

28,000원(eBook 19,900원)

본서는 수천 가지 과학적 사실로 진화론의 모든 영역들을 반증한다.

그리스도인의 성장 8단계

잭 T. 칙 지음 / 62쪽

4,000원(eBook 2,800원)

주님을 영접한 이 후에 보다 신실한 그리스도인의 삶을 영위하는데 유익한 지침을 준다.

솔로몬 성경공부 시리즈

베드로후서

거짓 선지자들과 거짓 교사들에게 속지 말라

초판1쇄　2024년 11월 22일
초판2쇄　2024년 12월 12일
지 은 이 / 편 집 부
발 행 인 / 박 승 용
발 행 처 / 말씀보존학회
출판등록 / 제409-2022-000036호
주　　소 / 서울 강서우체국 사서함 제90호
전　　화 / (02) 2665 - 3743
팩　　스 / (02) 2665 - 3302
인 터 넷 / www.biblemaster.co.kr

값 10,000 원